AF464660

ESCLAIRCISSEMENT
DE QVELQVES OBIECTIONS QV'ON A FORMEES CONTRE LE LIVRE DE LA GRANDEVR DE L'EGLISE ROMAINE, DANS VN ESCRIT INTITVLE',

Remarques sur le Liure de la Grandeur de l'Eglise Romaine,

&

sur l'Epistre adressée au Pape touchant le mesme Liure.

M. DC. XLVI.

ESCLAIRCISSEMENT DE QVELQVES OBIECTIONS QV'ON A FORMEES CONTRE Le Liure de *la Grandeur de l'Eglise Romaine*, dans vn Escrit intitulé, *Remarques sur le Liure de la Grandeur de l'Eglise Romaine, & sur l'Epistre adressée au Pape touchant le mesme Liure.*

AVANT-PROPOS.

Où sont representées en general la foiblesse & l'iniustice de ces Remarques, & où il est monstré qu'au lieu de blesser le Liure de la Grandeur de l'Eglise Romaine, elles le confirment & le fortifient encore dauantage.

TOVS ceux qui ont leu le Liure de la Grandeur de l'Eglise Romaine auec quelque desir de connoistre la verité, où pour le moins sans vn dessein tout formé de la rejetter & de la combattre, ont aussi-tost aduoüé que l'authorité supréme que Iesus Christ a donné à saint Pierre & à saint Paul, y estoit si fortement establie par le consentement de la Tradition Ecclesiastique de tous les siecles, & que le grand aduantage que l'Eglise Romaine & le siege Apostolique reçoiuent de cette vnité admirable des deux premiers Apostres, y estoit representée d'vne maniere si visible, qu'il seroit plus aisé à ceux qui le voudroient nier à l'auenir de se seruir des intrigues humaines, pour décrier cette doctrine sainte par des inuentions toutes seculieres & profanes, en surprenant les gens du monde & ceux qui n'ont pas esté nourris dans la science de l'Eglise, que de reſiſter à vne lumiere ſi grande & ſi puiſſante par des voyes iuſtes & legitimes, conformes à la profeſſion de Theologiens, de Preſtres, & d'hommes également habiles & vertueux. Mais bien que la raiſon rendiſt cela aſſez clair aux perſonnes équitables, toutes-fois on l'a reconnû encor plus clairement depuis peu de iours qu'on a veu paroiſtre l'imprimé qui porte pour titre, *Remarques ſur le Liure intitulé la Grandeur de l'Egliſe Romaine, & ſur l'Epiſtre adreſſée au Pape touchant le meſme Liure.* Car quoy qu'auparauant le ſilence des ennemis de l'vnité de ſaint Pierre & de ſaint Paul deuſt eſtre pris pour vne marque de la force de la verité, puis qu'elle a eſté capable de temperer vn peu l'ardeur & la paſſion eſtrange qu'ils ont témoignée contre cette doctrine ancienne & inébranlable, & d'arreſter la violence aueugle auec laquelle ils faiſoient paſſer dans leurs libelles pour vne hereſie & vne extrauagance inoüye, ce qu'ils ne ſçauoient pas auoir eſté enſeigné depuis le commencement de l'Egliſe par toute la ſuite des Papes, des Peres & des Conciles particuliers & œcumeniques, d'où on leur a produit quantité innombrable de textes, la moindre partie deſquels ſeroit ſuffiſante pour conuaincre & confondre les plus opiniaſtres ; il eſt vray neantmoins que ce ſilence pouuoit eſtre couuert de pluſieurs pretextes, & attribué à diuerſes cauſes apparentes, ſi l'écrit qu'ils viennent de publier n'euſt fait voir l'extréme foibleſſe & l'impuiſſance à laquelle ils ſont reduits.

Car premierement ils produiſent au bout de prés de huit mois vn écrit de deux fueilles contre vn Liure qui a plus de cent fueilles. Ce qui eſt de ſoy ſi digne de mépris, & ſi eſloigné de la hardieſſe & de la chaleur auec laquelle ils ſont entrez au commencement dans cette diſpute, qu'il eſt manifeſte que la retenuë extraordinaire auec laquelle ils agiſſent maintenant, eſt forcée, & procede plutoſt de la grande oppoſition qu'ils ont rencontrée contre leur eſperance, & de l'éclat dont la verité qu'on leur a fait voir les a eſbloüys, que de la diſpoſition de leurs eſprits, & de la moderation de leurs mouuemens.

2. La doctrine qu'ils combattent ayant eſté ſouſtenuë par plus de deux cents paſſages de toutes ſortes de ſiecles, & de toutes ſortes d'Auteurs Eccleſiaſtiques; ils n'en oſent diſputer que ſept ou huit; eſtant contraints de reconnoiſtre en cette maniere deuant tout le monde que les autres ſont ſans replique. Car tout ce qu'ils alleguent contre ce petit nombre qu'ils ont choiſy eſt ſi peu raiſonnable, & ſi remply de fautes groſſieres, comme i'eſpere de le prouuer éuidemment, qu'il eſt tres-clair qu'ils n'euſſent iamais peu s'empeſcher d'en attaquer beaucoup dauantage auec ces meſmes armes, s'ils n'euſſent trouué par experience qu'il leur eſtoit impoſſible de les obſcurcir ſeulement par les nuages de leurs ſubtilitez & de leurs artifices, & de les conteſter auec quelque couleur.

3. Il s'enſuit de là que tous les efforts qu'ils font ſont inutiles, & que leur eſcrit de deux fueilles ne peut eſtre bon que pour confirmer la verité, & pour faire voir la mauuaiſe volonté qu'ils ont contre elle iointe à l'impuiſſance de luy nuire. Car ne s'agiſſant que de ſçauoir ſi les ſaints Peres, les Papes, & les Conciles ont tenu que ſaint Pierre & ſaint Paul ont eu vne autorité égale & ſupréme dans l'Egliſe; & cela ayant eſté éclaircy par vne ſi grande multitude de leurs teſmoignages; il ne ſuffit pas de pretendre que ſept ou huit de ces teſmoignages ont eſté mal alleguez, pour conclure que cette verité n'a pas eſté iuſtifiée par l'autorité des Peres; puis qu'il ſuffit pour cela que quelques vns de ces teſmoignages ſoient clairs & indubitables; quand meſme non ſeulement ſept ou huit, mais la plus grande partie ne le feroit pas; comme pour prouuer vn fait conteſté il ſuffit de

le verifier par deux pieces euidentes, quand on en auroit adiousté plusieurs autres, qui ne seroient pas aussi fortes & aussi conuaincquantes que celles-là. De sorte que si on vouloit traitter ces gens à la rigueur, on pourroit sans preiudice de la verité leur accorder tout ce qu'ils disent dans leur petit imprimé, contre ces sept ou huit passages; & se contenter de leur respondre que la consequence qu'ils en veulent tirer, que l'égalité de saint Pierre & de saint Paul n'a pas esté bien prouuée dans le Liure de la grandeur de l'Eglise Romaine, est fausse & contraire aux principes mesmes de la raison, puisque c'est assez que cette égalité soit prouuée par tant d'autres passages du mesme Liure contre lesquels ils n'osent pas seulement ouurir la bouche.

Ce qui paroistra encor plus clairement si on considere que tout le liure de la Grandeur de l'Eglise Romaine se reduit à deux poincts, dont le premier regarde l'esgalité de sainct Pierre & de sainct Paul, & l'autre leur vnité, conformement à la proposition du liure de la Frequente Communion qu'il soustient, *Que sainct Pierre & sainct Paul sont deux Chefs de l'Eglise, qui n'en font qu'vn.* Le premier poinct, qui est l'esgalité de ces deux Apostres, a esté verifié par vne infinité de textes, qui disent formellement, *Qu'ils* [a] *ont esté esleuez à vn mesme degré supreme de grandeur par dessus tous les membres de l'Eglise*; Qu'ils sont *les deux* [b] *Generaux de l'armée de Dieu*; les deux *Pasteurs* [c] *de tout le genre humain*; les deux *Chefs*, *&* les deux *premiers* [d] *chefs de l'Eglise*; les deux [e] *Princes des Apostres*; les deux *premiers* [f] *Apostres*; les deux [g] *Apostres supremes*; Qu'ils *possedent* [h] *la principauté souueraine & le premier rang dans le senat des Apostres*; Qu'ils *sont* [i] *esgaux*; Qu'ils *ne despendent* [k] *point l'vn de l'autre*; Que *sainct Paul n'est pas* [l] *moindre* que *sainct Pierre*; Qu'il *ne luy est point inesgal*; Qu'il *n'est pas le second apres luy*; Qu'ils *ont receu de Dieu* [m] *vn mesme honneur, vn* [n] *mesme ministere, & vne mesme* [o] *pri-*

[a] Quos Dei gratia in tantum apicem inter omnia Ecclesiæ membra prouexit, &c. *S. Leo serm. 1. de nat. Ap.*

[b] Duo duces cælestis exercitus. *S. Greg. hom. 18. in Ezech.*

[c] Tales decebat humano generi pastores & doctores constitui. *S. Bern. serm. 1. de SS. Pet. & Paulo.*

[d] Πρωτοκορυφαῖοι. *Con. Floren. sess. c. 25.*

[e] Πέτρον καὶ Παῦλον τοὺς στύλους τῆς ἐκκλησίας, τοὺς κορυφαίους τῶν ἀποστόλων. *Chrysost. hom. 2. de Orat.*

Apostolorum principes Domi-

mauté: Et pour ne repeter pas icy tout ce qui a esté dit sur ce suiect, qu'ils ont esté tous deux *Pasteurs* [p] *& Euesques* [r] *de l'Eglise de Rome*, possedans conioinctement [s] *le siege*, *le* [t] *throsne*, *& toute l'autorité* [u] *de cette Eglise*. Ce qui pourroit suffir, quand il ne se rencontreroit autre chose sur cette matiere dans les liures des Saints Peres, pour conclure infailliblement qu'ils ont esté tous deux souuerains Pontifes & chefs vniuersels de l'Eglise Catholique; puisque quelque opinion qu'on tienne touchant l'vnion separable ou inseparable de la qualité de chef de l'Eglise d'auec celle d'Euesque de Rome, il est constant par le consentement de tous les Catholiques, qu'il n'y a iamais eu iusques à present aucun Euesque de Rome, qui n'ayt esté tout ensemble chef de l'Eglise vniuerselle, & que quand ces dignitez pourroient estre diuisées à l'auenir en quelque cas extraordinaire, il est certain toutefois qu'elles ne l'ont iamais esté iusques à cette heure, & que c'est vne chose aussi inoüye dans l'Eglise qu'il y ayt eu quelque Euesque de Rome qui ne fust point souuerain Pontife & chef vniuersel de tous les Chrestiens, que de dire qu'il y ait eu quelque souuerain Pontife & chef vniuersel des Chrestiens, qui ne fust pas Euesque de Rome.

ni mei Petrus & Paulus. *Sergius* I. *Ep. ad Ceolfridum Abbat. &c.*
f Beatorum primorum Apostolorum autoritate. *Ioannes* VIII. *ep.* II. *ad Carol. Imp. & Adrian.* II. *ep.* 7. *ad Vvalramdam &c.*
g Roma per summos Christi Apostolos totius Ecclesiæ caput eminet eximium. *Beda serm. de natal. S. Bened.*
h Petrus & Paulus in Apostolici senatus culmine possident principatum. *Pet. Dam. tom.* 3. *opusc.* 4.
i Dogmatis ore pares, & sedis honore curulis. *Fortunat. lib.* 3. *de uita S. Mart.*
k Nec in hoc alter alteri suberat, sed ambo sub Christo immediate. *Card. Cusan. epist.* 2. *de vsu com. ad Bohemos.*
l Nec Paulus inferior Petro, quamuis ille Ecclesiæ fundamentum &c. nec Paulus, inquam, indignus Apostolorum collegio, cum primo quoque facile conferendus, & nulli secundus. Nam qui se imparem nescit, facit æqualem. *S. Ambros. lib.* 2. *de spirit. sancto c.* 12.
m Παῦλος μηδὲν Πέτρου δεόμενος; ἀλλ' ἰσότιμος ὢν αὐτῷ. *Chrysost. in c.* 1. *ad Gal.* Etsi Petrum priorem, tamen ambos ditauit honore vno. *D. Aug. serm.* 25. *de SS.*
n Non illo sum inferior, quia ab vno sumus ambo in vnum ministerium ordinati. *Primas. de Pet. & Paulo in c.* 2. *ad Gal.* *o* Sub eiusdem loci primatu Romam missi sunt. *Card. S. Georg. lib. de Iubil. tom.* 6. *Biblioth. PP.* Petri & Pauli vnicus primatus per singulos successores in Ecclesia viget cum plena ligandi soluendique potestate. *Card. Cusan. ep.* 2. *ad Bohem.* *p* Isti sunt (Roma) Patres tui, verique pastores. *S. Leo serm.* 1. *de nat. Apost &c.*
r Ἐν Ῥώμῃ γεγόνασι πρῶτοι Πέτρος καὶ Παῦλος οἱ Ἀπόστολοι αὐτοὶ καὶ Ἐπίσκοποι. *S. Epiphan. hæres.* 27. *Carpocrat.* &c. *s* Pro veneratione Apostolorum, pro priuilegijs defendendi sedis ipsorum in promptu habeo, si necesse sit, mortis sustinere discrimen. *Adrian.* II. *in Con. Oecum.* VIII. *act.* 7. Οἱ ἐκείνων θεοὶ (Πέτρου καὶ Παύλου) καὶ νῦν τὸν ἐκείνων ἐλάμπρυνας θρόνον τὴν ὑμετέραν ἀγιωσύνην ἱδρύσαντες ἐν τούτῳ. *Theodoret. ep.* 113. *ad S. Leon.*
u Omnia quæ hæc Apostolica habet Ecclesia, beatorum Petri & Pauli, quorum honore & beneficijs acquisita sunt, deo sunt autore communia. *S. Greg. in tabula marm. in Eccles. S. Pauli in fine tom* 1. *operum.*. Nam quid vnquam sine vobis nostrum est. *Ibid. ad eosdem Apostolos.* Deus à quo in persona eorum (Petri & Pauli) Romana Ecclesia autoritatem super Ecclesias vniuersas accepit. *Innocent.* III. *lib.* 1. *decret. epist*, 234. *ad Archiep Rhem.* &c.

Quand au second poinct, qui est l'vnité de ces deux Apostres, c'est vne suitte du premier, apres lequel elle ne peut estre contestée. Car ayant esté *assis* [a] *dans vn mesme siege*, dans *vn mesme* [b] *throsne*, & dans *vne* [c] *mesme Eglise*, comme *pasteurs* [d] & comme *Euesques* [e] *de cette Eglise* principale & *maistresse de toutes les autres*, ainsi que les Peres la nomment; ayant eu vne *mesme primauté*, vne *mesme dignité*, & vne *mesme eminence supreme par dessus tous les membres de Iesus-Christ*; il faut necessairement qu'ils ayent esté vnis dans cette mesme dignité, dans cette mesme primauté, dans cette mesme eminence supreme, dans cette mesme chaire, dans ce mesme throsne, & dans cette mesme Eglise. Mais les Saints Peres ont encor exprimé particulierement cette vnité, lors qu'ils ont dit que *saint Pierre & saint Paul ont composé ensemble le plus* [f] *haut degré de la dignité Apostolique*; la *mesme* [g] *principauté*; & *la mesme eminence* [h] *souueraine parmy les Apostres*; Qu'ils ont esté [i] *vn mesme chef*, vn *mesme* [k] *couple saint*, lié *par vn ioug*, & par vne *vnité* merueilleuse, par laquelle ils ont produit conjointement les plus grandes œuures, & ont ruiné d'vn seul coup toutes les heresies, en ruinant le premier de tous les heretiques; qu'ils ont esté tellement inseparables, & tellement vne mesme chose, que [l] *leurs noms mesmes* ne doiuent passer que pour vn mesme nom, en sorte que lors qu'on parle de l'vn on parle aussi de l'autre, encor qu'on ne l'exprime point formellement. Et enfin ces deux veritez ont esté clairement iointes dans vne mesme proposition & dans vn mesme oracle par le Pape Paschal II. escriuant aux Euesques de Pologne, que tous les Euesques Catholiques doiuent non seulement croire, mais aussi honorer & reuerer auec soumission, l'autorité supreme de saint Pierre & de saint Paul, & viure [m] *dans l'obeyssance & dans l'vnité de ces deux Apostres*; les declarant en mesme temps superieurs gene-

a Nos vel immeritò sedem Apostolorum adepti. *Adrian I. ep. 89. ad Card. in Cod. Carol. &c.*

b Κορυφαῖοι τῶν Ἀποστόλων ἐγγράφως ἐθεσμοθέτησαν τὴν αὐτῶν πίστιν κρατεῖν τοῖς μετ' αὐτοὺς διαδόχοις, μέλλοντας γίνεσθαι τοῦ θρόνου αὐτῶν. *Adrian. I. ep. ad Constant. & Iren. Synod. VIII. act. 2.* Petre & Paule in throno vestro valde indignus sum collocatus. *Greg. VII in Con. Rom. VII.*

c Beati Apostoli Petre & Paule, intra gremium Ecclesiæ vestræ me aluistis. *S. Greg. in tabula marm. ad porticum S. Petri. tom. 1. Operum eius, &c.*

d Isti sunt (Roma) patres tui, verique pastores. *S. Leo serm. 1. de nat. Apostol.*

e Disertè affirmat Irenæus à Petro & Paulo sedem Romanam fundatam, & primos in ea Episcopos sedisse. Quod idem omnes veteres docent. *Bellarm. lib. 2. de Rom. Pont. c. 2.*

f Petrum & Paulum eximiam & principalem Apostolorum summi-

taux de tous les Eueſques ſucceſſeurs des Apoſtres; & par conſequent de toute l'Egliſe Catholique; & liez enſemble par vne *vnité* ſinguliere & principale, qui ſert de centre & de fondement à toute l'Egliſe.

tatem. *Con.* VIII. *ep. ad Adrian* II. *pro tribus cap.* *g* In Apoſtolici ſenatus culmine poſſidēt principatū, *Pet. Dam. ſup.* Quorum regimur principatu. *S. Greg. lib. ſacram. in Octaua* SS. *Petri & Pauli.* *h* Culmen Apoſtolicum, radianti luce coruſcum, (Petrus & Paulus) *Fortunat. lib.* 7 *Poëm. de ſenatu curiæ cœleſt.* *i* Martyrium pertulerunt in vrbe Roma quæ principatum & caput obtinet nationum: ſcilicet vt vbi caput ſuperſtitionis erat, illic caput quieſceret ſanctitatis; & vbi Eccleſiarum principes habitabant, illic Eccleſiarum principes morerentur. *S. Maxim. hom.* 5. *de* SS. *Pet. & Paulo.* *k* Ἀγαθῶν ξυνωρὶς Πέτρος καὶ Παῦλος, γόνυ κλίναντες, καὶ τὴν συμφωνίαν ἐνδειξάμενοι ἣν εἶπεν ὁ Ἰησοῦς &c. τὸ τῆς ὁμονοίας βέλος διὰ τῆς προσευχῆς πέμψαντες κατὰ τοῦ μάγου, κατέβαλον αὐτόν. *Cyril. Hieroſol catech.* 6. *ad illum.* *l* Si Paulum dicis, Petrum non taces: &, ſi Petrum dixeris, Paulum non ſiles: denique vtraque tibi pro cognominibus habentur vocabula. *S. Fulgent. ſerm.* 58 *in nat Apoſt.* *m* Ab omnibus debet Epiſcopis obſeruari qui ſub Apoſtolorum principum Petri & Pauli obedientia decreuerunt & vnitate perſiſtere. *Paſchal.* II. *ep.* 6. *ad Archiep. Polon.*

C'eſtoit à ces teſmoignages & à tant d'autres ſemblables qui decident ſi clairement les deux poincts de la queſtion ſur laquelle on a fait tant de bruit, que ces auteurs deuoient s'attacher pour y reſpondre, s'ils vouloient ruiner effectiuement la doctrine du Liure de la Grandeur de l'Egliſe Romaine. C'eſtoient les Approbations de tant de Papes, le conſentement de tant de Peres, les autoritez de tant de Conciles qu'il luy falloit arracher, pour conclure auec raiſon que ce qu'il ſouſtient eſt nouueau & contraire aux ſentimens de l'Egliſe vniuerſelle, & à la dignité du ſaint Siege. Car à moins que cela qui ne void que c'eſt abuſer de la ſimplicité des ignorans; & combattre le ſens commun & l'intelligence des ſages, que de s'imaginer que le corps de cette Doctrine demeurant ferme & immobile dans ſes preuues principales, par la confeſſion meſme de ſes aduerſaires, puis qu'ils n'ont pas ſeulement l'aſſeurance d'y toucher du bout du doigt, & ſont contraints de les diſſimuler auſſi hardiment que ſi elles n'auoient point eſté produites, elles pourront eſtre renuerſées en vn moment par des Remarques qu'on propoſe contre ſept ou huit paſſages, qui ſont auſſi peu considerables en comparaison des autres dans la qualité que dans le nombre.

Certainement il y auroit auiourd'huy peu de Liures qu'on ne peust ruiner en cette maniere sans beaucoup de peines, s'il ne falloit que former des difficultez sur quelques-vnes de leurs parties moins principales, lors que les plus importantes & fondamentales sont éuidentes & irreprochables; n'y ayant presque point d'ouurages si excellens, où il ne paroisse des traces de l'infirmité humaine, & où on ne puisse rencontrer des fautes legeres qui sont eschappées par mégarde à leurs Auteurs, soit en alleguant des passages qui ne se trouuent pas entierement iustes, ou qui ne sont pas absolument asseurez & legitimes, ou qui contiennent quelque changement de peu d'importance pour le sujet qu'ils traittent, ou sur lesquels ils font des considerations & forment des consequences qui ne semblent pas tousiours indubitables. Que si cela suffisoit pour les rejetter, pour les censurer, & pour les décrier comme de mauuais ouurages; il faudroit supprimer & arracher des mains des hommes les meilleurs Liures des plus grands personnages de nostre siecle, & des siecles precedens, où il est aisé de trouuer plusieurs exemples de manquemens de cette sorte. Mais comme ce seroit blesser la raison & le bon sens de pretendre qu'vn homme n'est pas sain & puissant, parce qu'il a vn peu mal à l'œil ou au doigt; ou qu'il n'est pas iuste & vertueux parce qu'il tombe quelques-fois dans des pechez legers; ou qu'il n'est pas sçauant parce qu'il ignore quelque chose; ce seroit aussi vne grande iniustice de vouloir persuader qu'on a conuaincu vn Auteur de mauuaise doctrine, & qu'on a destruit les discours par lesquels il l'a establie, sous ombre qu'on y a découuert des endroits où il n'a pas esté entierement exact dans quelques citations ou dans quelques raisonnemens, quoy qu'on n'ait rien à dire contre le gros du Liure qui subſiſte & eſt au delà de toute ſorte de blaſme & des atteintes meſmes de la calomnie dans ſes preuues fondamentales & eſſentielles. Et comme ce procedé bleſſe generalement tous les gens habiles, & ſeroit capable de des-honorer & de perdre tout ce qu'ils ont iamais produit de plus beau ſur les matieres les plus importantes; il merite auſſi d'eſtre hay de tout le monde, comme la ruine vniuerſelle de toutes les veritez, de toutes les ſciences, & de toutes les Lettres.

Il paroiſt par là que ces gens ſont ſi foibles & ſi peu raiſonnable, que quand les Remarques qu'ils ont faites contre le Liure de la Grandeur de l'Egliſe Romaine ſeroient auſſi vrayes qu'elles ſont fauſſes & defectueuſes, comme i'eſpere le faire voir à tout le monde; tant s'en faut qu'il leur fuſt permis d'inferer qu'ils ont deſtruit la doctrine de ce Liure, comme ils pretendent; qu'ils devroient conclure au contraire qu'ils l'ont fortifiée & renduë de beaucoup plus ferme qu'elle ne paroiſſoit auparauant; puis qu'on void à cette heure euidemment qu'elle eſt à l'épreuue de toutes ſortes d'objections & d'artifices & dans ſes principaux fondemens, & dans ſa ſubſtance, & que parmy cette foule de témoignages innombrables dont elle a eſté appuyée, ils n'ont peu, auec toute leur mauuaiſe volonté, auec toute leur paſſion, & auec tout leur zele iniuſte, rencontrer aucun lieu de repliquer & d'exercer leur animoſité que ſur ſept ou huit paſſages.

Que ſi, outre tout cela, il ſe trouue que leurs Remarques contre ce peu de paſſages, ſont pleines d'erreurs, de mauuaiſe foy, & de legereté, que reſtera-t'il à ſouhaitter pour iuger de la bonté & de la force inexpugnable de la doctrine du Liure de la Grandeur de l'Egliſe Romaine? C'eſt ce que i'ay deſſein de monſtrer le plus breuement qu'il me ſera poſſible dans cette Reſponſe que i'oppoſe à leurs Remarques ; où ie ſouſtiens premierement que ce qu'ils ont fait dans tout leur eſcrit, en laiſſant le corps & comme l'eſſence du Liure qu'ils combattent, pour s'attacher à quelques endroits qui n'en ſont que comme les branches ; ils l'ont fait encore en particulier dans chacun de ces endroits, ſupprimant tout ce qu'ils y ont rencontré de plus fort, & de plus exprés, & reduiſant tous leurs efforts contre quelque point, ou contre quelque mot, ſur lequel ils ont crû pouuoir prendre aduantage, & pointiller auec quelque apparence.

Secondement, la plus-part des accuſations de fauſſeté qu'ils propoſent, ne ſont fondées que ſur des fauſſetez qu'ils commettent eux-meſmes, attribuant au Liure de la Grandeur de l'Egliſe Romaine, ce qu'il ne dit point, où luy oſtant ce qu'il dit formellement aux lieux meſmes qu'ils marquent.

Troiſiémement, ils ſe ſont portez iuſques à cette iniuſtice, que de luy faire des crimes des fauſſetez d'impreſſion, leſquelles ne devroient pas meſme eſtre reprochées aux Imprimeurs, puis qu'on ſçait le peu de liberté qu'ils ont eu de faire leur deuoir, par les bons offices que leur ont rendus ces grands Theologiens, qui ſont deuenus formidables à ceux de cét Art, voulant auoir eux ſeuls le pouuoir de faire imprimer de mauuais Liures pleins de calomnies & de fauſſetez, ſans Approbation & ſans Priuilege, & d'y mettre neantmoins le nom des Imprimeurs, comme ils ont fait dans ces Remarques, pour teſmoigner à tout le monde qu'elles viennent de bonne part, & qu'ils ne craignent point d'en eſtre recherchez.

En quatriéme lieu, les autres obiections qu'ils font ne ſont que des fautes claires, ou contre la Theologie, ou contre l'hiſtoire, ou contre le iugement ; ou des déguiſemens, des Sophiſmes, & des conſequences tirées par des ſubtilitez, peu dignes d'hommes habiles & solides, & beaucoup moins de Theologiens, qui doiuent aimer la verité & la sincerité dans toutes leurs pensées, dans tous leurs discours, & dans toutes leurs actions.

I'espere de iustifier toutes ces choses d'vne façon si iuste & s'y éuidente, qu'on aura sujet de croire que ie m'y suis engagé sans passion, n'ayant nul sujet d'en auoir ny pour ceux qu'on attaque, ny contre ceux qui les attaquent, & n'estant lié d'aucun interest auec les premiers, lesquels toute-fois i'estime, & ie reuere à cause de la connoissance & de l'amour de la verité que Dieu leur a donnée, & de la constance auec laquelle ils la soustiennent, en méprisant toutes sortes de commoditez, toutes sortes de craintes, & toutes sortes de considerations humaines : qui est vn aduantage qu'il faut que leurs aduersaires leur cedent, & qu'ils n'ont pas mesme tesmoigné iusques à present auoir enuie de leur disputer.

REMARQVE I.

Que S. Chrysostome a dit veritablement que S. Paul a esté le premier, & le premier de tous : & que la Remarque qu'on a faite contre cette verité, est pleine de fautes & de faussetez.

IL faut aduoüer qu'on attaque le Liure de la Grandeur de l'Eglise Romaine par l'endroit où il est le plus fort, en l'accusant de faussetez ; tous ceux qui l'ont leu, & qui ont quelque connoissance des Auteurs qu'il cite, estant obligez d'auoüer qu'il ne se peut rien adiouster à la fidelité, non plus qu'à la verité & à la force auec laquelle il les propose, & il les explique. Mais les Auteurs des Remarques ont iugé qu'ils signaleroient leur esprit & leur suffisance, s'ils pouuoient prouuer ce qui paroist impossible aux autres, & leur perſuader qu'ils ne voyent pas ce qu'ils voyent éuidemment.

Παῦλος ὁ τῶν ἀποςόλων ἡγεμών. Chryſoſt. hom. 1. de Orat. Voyez tous ces lieux citez dans le Liure de la Grandeur de l'Egliſe Romaine, l. 3. ch. 13. & 14.

Ce Liure a rapporté pluſieurs lieux de ſaint Chryſoſtome, qui diſent en termes exprés, Que ſaint Paul a eſté *le Chef des Apoſtres*; & le *premier de tous, le pere commun, & le Prince de tous les ſeruiteurs de Ieſus-Chriſt*; Qu'il *a eu la primauté*; Que Dieu *luy a commis les affaires de tout le monde, & toute la conduite de ſon Egliſe*; Qu'il a eſté *la colomne de l'Egliſe plus forte que la pierre, le fer, & ſuffiſante pour ſouſtenir vne infinité de villes*; Qu'il a receu *la charge de toute la terre*; Qu'il a *gouuerné tout le monde comme vne ſeule nauire, & comme vne ſeule famille*; Qu'il *eſtoit toutes choſes dans l'Egliſe*; Qu'il *auoit ſoin de tous ſes membres iuſques aux moindres, comme s'il euſt eſté luy-meſme toute l'Egliſe vniuerſelle*; Qu'il poſſede la gloire auec ſaint Pierre *d'eſtre le Prince & le Chef de toute l'aſſemblée des Saints*; Qu'il *luy eſt égal en honneur*; & qu'il *a eu ſur les autres Apoſtres ce grand & cét excellent aduantage que le Chef des Diſciples auoit ſur eux*; Qu'ils ont receu tous deux *vne meſme dignité*; & qu'ils ont eſté tous deux *les colomnes de l'Egliſe, & les Chefs des Apoſtres*. Ie laiſſe pluſieurs autres propoſitions de ce Pere tres-aduantageuſes à la gloire de ſaint Paul qu'on peut voir au meſme lieu.

Les auteurs des Remarques paſſent ſous ſilence non ces paroles, mais ces foudres de ſaint Chryſoſtome, capables de briſer le front des plus opiniaſtres : Et au lieu de rendre gloire à la verité, apres des témoignages ſi illuſtres, ils penſent la pouuoir eſtouffer en choiſiſſant dans tout ce grand nombre vn ſeul paſſage qu'ils ſouſtiennent auoir eſté corrompu, & dans lequel ils pretendent que ſaint Chryſoſtome veut dire contre ce qu'il a declaré dans tous ces autres lieux ſi clairs & ſi formels, que ſaint Paul a eſté non *le premier de tous*, & le *Chef des Apoſtres*; mais ſeulement le premier de ceux qui ont eſté appellez depuis l'Aſcenſion de Ieſus-Chriſt ; entreprenant ainſi de ruiner tous les paſſages indubitables de ce Pere, par vn ſeul paſſage qu'ils taſchent de couurir de tenebres.

Cette entrepriſe eſt aſſez conſiderable pour des hommes iudicieux & ſubtils : mais la maniere de l'executer ne l'eſt pas moins. Ils accuſent l'Auteur du Liure d'auoir fait dire à ſaint Chryſoſtome que ſaint *pag. 187.* Paul *de dernier qu'il eſtoit parmy les Apoſtres eſt deuenu le premier* ; & de citer pour ce ſes paroles, Παῦλος ὁ ἐξ ἐσχάτου πρῶτος ; au lieu qu'il y a dans S. Chryſoſtome Παῦλος ὁ ἐξ ἐσχάτων πρῶτος, ὁ ἀπὸ ἐκτρωμάτων τέλειος ἀνήρ. Ce qu'ils expliquent en ces termes : *Il eſt clair* *pag. 2.* *à ceux qui liſent cette Homelie, que ce ſaint apres auoir parlé premierement de ſaint Pierre comme du premier de tous les Apoſtres, vient à comparer ſaint Paul ſeulement auec les derniers & ſurnumeraires, qui ont eſté appellez depuis l'Aſcenſion de noſtre Seigneur, & qu'il dit ſimplement qu'il eſt le premier des derniers.* Ie reſpons en premier lieu, qu'ils impoſent à l'Auteur en l'accuſant d'auoir impoſé à ſaint Chryſoſtome. Car ils eſcriuent *qu'il fait dire à ſaint Iean Chryſoſtome, que ſaint Paul de dernier qu'il eſtoit parmy les Apoſtres, eſt deuenu le premier,* citant tous ces mots en lettres Italiques ; comme ſi l'Auteur les auoit attribuez égallement à ſaint Chryſoſtome, & les euſt voulu faire paſſer pour ſes propres termes : au lieu qu'il a marqué en differens characteres, ces mots, *parmy les Apoſtres*, pour monſtrer *pag. 287.* qu'ils n'eſtoient pas expreſſement dans ſaint Chryſoſtome, & qu'il ne s'en ſeruoit que pour expliquer & eſclaircir le ſens veritable de ce Pere.

Secondement il eſt faux que ſaint Chryſoſtome *compare ſeulement ſaint Paul dans cette Homelie auec ceux qui ont eſté appellez depuis l'Aſcenſion*, & qu'il veille dire *qu'il eſt ſimplement le premier entre ces derniers.* Et eſt encore faux qu'il parle ſi baſſement de ſaint Paul, *apres auoir parlé de ſaint Pierre comme du premier de tous les Apoſtres*. Car ſi ces gens euſſent leu l'Homelie, à la lecture de laquelle ils oſent en appeller, comme ſi elle exprimoit clairement ce qu'ils aſſeurent, ils euſſent veu que ſaint Pierre, n'y eſt appellé nulle part *le premier de tous les Apoſtres*. Et s'ils penſent le fonder en ce qu'il y eſt nommé *le Chef des Apoſtres*; ils remarqueront s'il leur plaiſt que ce titre luy eſt donné conioіntement auec ſaint Paul, & qu'ils ſont appellez tous deux enſemble *les deux Chefs des Apoſtres*. Car apres auoir parlé de tous les Apoſtres en commun, il s'arreſte à ſaint Pierre & ſaint Paul, en diſant: *Mais ie reuiens aux Chefs des Apoſtres*; & ne parle en ſuite que de ſaint Pierre & de ſaint Paul iuſques à la fin du diſcours.

Ἀλλ' ἐγὼ πρὸς τοὺς κορυφαίους τῶν ἀποστόλων ἐπάνειμι. *S. Chriſoſt. Hom. in 12. Apoſt. tom. 5.*

Ce qui monſtre la fauſſeté des deux parties de cette Remarque; puis qu'il eſt faux que ſaint Chryſoſtome ne face ſaint Paul que *le premier de ceux qui ont eſté appellez depuis l'Aſcenſion*, le faiſant *Chef des Apoſtres* comme ſaint Pierre. Et il eſt pareillement faux qu'il compare ſaint Paul auec ces derniers & ſurnumeraires, *apres auoir parlé ſeulement de ſaint Pierre comme du premier de tous les Apoſtres*, puiſque les ſeuls mots par leſquels on peut pretendre qu'il a parlé de ſaint Pierre en cette maniere, enferment égallement ſaint Paul; & ainſi il s'enſuit ſelon ſes auteurs meſmes, que cette Homelie parle de ſaint Paul, auſſi-bien que de ſaint Pierre, *comme du premier de tous les Apoſtres*; & par conſequent que celuy qu'ils accuſent eſt iuſtifié par leur propre ſuppoſition.

D'où il eſt aisé de refuter l'autre partie de cette Remarque, où on ſe plaint que les paroles de ſaint Chryſoſtome ont eſté alterées en changeant le mot pluriel ἐξ ἐσχάτων, au ſingulier ἐξ ἐσχάτου. Car pour ne parler point de ce que les Imprimeurs & les Copiſtes ſont ſujets à faire de plus grandes fautes, lors qu'ils trauaillent en l'abſence des Auteurs, & ſans liberté comme il eſt arriué en ce rencontre; il ſuffit de respondre que ce changement est de nulle consideration, soit qu'on lise ἐξ ἐσχάτων, ou ἐξ ἐσχάτου, le sens est tousiours le mesme. Ceux qui ont quelque connoissance des bons Liures, sçauent que les plus excellens Auteurs, & mesmes les saints Peres, ne produisent pas tousiours precisement les propres termes des passages qu'ils citent, mesme de l'Escriture, se contentant de rapporter fidellement le sens & les paroles principales dont il dépend, comme il seroit aisé de verifier par vne infinité d'exemples, si les personnes tant soit peu intelligens en pouuoient douter.

Il y a plus de sujet de blasmer les Auteurs des Remarques de ce qu'ils ne s'attachent aux paroles de ce Pere que pour destruire son sens, qui est l'ame des paroles; puis que la corruption du sens est vne plus grande falsification que l'alteration de la Lettre lors qu'elle conserue le sens dans sa verité & dans sa force. Or il paroist clairement que ces Auteurs corrompent le sens de saint Chrysostome en luy faisant *dire simplement que saint Paul a esté le premier des derniers & des surnumeraires, qui ont esté appellez depuis l'Ascension de Nostre Seigneur*, puis que cela repugne ouuertement, non seulement à tant d'autres lieux de ce Saint, mais au texte de cette mesme Homelie, où il l'égale à saint Pierre, leur rendant commune à tous deux la qualité de *Chef des Apostres*.

Cela repugne encore au style Grec & au langage de ce Pere dans cette mesme Homelie, où il dit que saint Paul a esté ἐξ ἐσχάτων πρῶτος, & ἀπὸ ἐκτρωμάτων τέλειος ἀνήρ, c'est à dire qu'*il est deuenu le premier du dernier qu'il estoit; & qu'il est deuenu homme parfait, au lieu qu'il estoit au commencement vn auorton*, comme il se nomme luy-mesme, c'est à dire vn enfant imparfait & formé à demy, par vne expression semblable à celle de la mesme Homelie, où il est dit peu auparauant qu'il estoit, ὁ ἀπὸ λύκου ἀρνὸς, ὁ ἐξ ἀκανθῶν βότρυς, ὁ ἐξ ζιζανίων σῖτος, ὁ ἀπὸ ἐχθροῦ φίλος; c'eſt à dire *qu'il eſt deuenu de loup, agneau, d'épine, raiſin, d'yuroye, froment, & d'ennemy amy de* Ieſus Chriſt: Au lieu que ſelon la nouuelle Grammaire de ces Meſſieurs il faudroit traduire, que ſaint Paul a eſté *l'agneau des loups, la grappe des eſpines, le bled de l'yuroye, l'amy des ennemis* de Ieſus Chriſt, où bien *qu'il a eſté ſimplement agneau parmy les loups, raiſin parmy les eſpines, froment parmy l'yuroye, amy parmy les ennemis de Ieſus-Chriſt;* comme ſi ſaint Chryſoſtome ne vouloit dire, ſinon qu'il a eſté toutes ces choſes parmy les pecheurs & les infidelles, & non parmy les Chreſtiens & les iuſtes. Ce qui bleſſeroit le ſens commun non ſeulement de la foy, mais auſſi de la raiſon & de la nature. Il faut donc auoüer que la premiere Remarque de nos aduerſaires corrompt le langage, auſſi bien que le ſens & la doctrine de ſaint Chryſoſtome, dans la meſme Homelie dont il s'agit; & que ce Pere a voulu dire veritablement, ce qui eſt exprimé dans le Liure de la Grandeur de l'Egliſe Romaine, que ſaint Paul *de dernier qu'il eſtoit, eſt deuenu le premier*, vſant d'vne figure tres-ordinaire qu'on appelle enallage, & appellant ſaint Paul ἐξ ἐσχάτων πρῶτος, au lieu de ἐξ ἐσχάτου; ainſi qu'il eſt clair dans la ſeconde Partie, où il adiouſte, qu'il a eſté ἐξ ἐκτρωμάτων τέλειος ἀνήρ, au lieu de ἐξ ἐκτρώματος. Car il eſt manifeſte qu'il veut marquer que ſaint Paul d'imparfait qu'il a eſté, & ſemblable à vn auorton, ſelon ſon propre terme, il eſt deuenu homme parfait & accomply: eſtant aſſez clair qu'il fait alluſion à ce qu'il s'eſt appellé luy meſme *le dernier de tous*, & comme *l'auorton* de Ieſus Chriſt: qui ſont des termes qui n'ayant eſté appliquez qu'à ſaint Paul par ſaint Paul meſme, ne doiuent eſtre pris qu'en ſens ſingulier pour deſigner ce grand Apoſtre; tout de meſme que lors qu'il eſt appellé auparauant dans cette Homelie, ὁ ἀπὸ λύκου ἀρνός, ὁ ἐξ ἀκανθῶν βότρυς, ὁ ἐξ ζιζανίων σῖτος, on ne peut douter que ces mots

1. Cor. 15. v. 8. & 9.

mots pluriers, ἀκανθῶν, ζιζανίων, ne soient mis pour singuliers, & ne signifient que saint Paul est deuenu *de loup, agneau, d'épine, raisin, & d'yuroye, froment.*

Ainsi il n'estoit pas necessaire d'adjouster dans cette Remarque contre les deffenseurs de la dignité de saint Paul, que *ces Messieurs qui font profession des belles Lettres ne peuuent ignorer qu'on appelloit communément* ABORTIVOS *les Senateurs surnumeraires, quos abortiuos vulgus vocabat. Suetonius in Augusto, cap. 35.* Car premierement il n'est pas besoin de faire profession des belles lettres pour n'ignorer pas cette obseruation; & il suffit d'auoir leu quelques Commentaires de nostre temps, qui l'ont inuentée sans fondement, & d'où elle a esté copiée auec trop de confiance. Ceux qu'on attaque n'ont pas tant de soin d'acquerir la connoissance des belles lettres, que la science de s'en seruir auec adresse & auec iugement. Ils n'ont iamais oüy dire que tous ceux qui ont esté appellez depuis l'Ascension de Iesus-Christ ayent esté nommez dans l'Eglise ou dans l'Escriture *auortons*, ou *supernumeraires*; & ne croyent pas que ce soit vne bonne maniere de le prouuer, de ce que le mot *abortiuus*, est donné dans Suetone aux Senateurs supernumeraires. Autrement tous les Saints & tous les fidelles qui ont esté conuertis depuis l'Ascension de Iesus-Christ auroient esté des auortons & des supernumeraires. Et si on respond que ce terme n'appartient qu'à ceux qui ont esté appellez au ministere Apostolique depuis que Iesus-Christ monta au Ciel; on sera obligé d'auoüer que saint Mathias, qui ne fut éleu que depuis ce temps-là, a esté aussi vn *auorton*, & vn *supernumeraire*, contre le témoignage de l'Escriture, qui declare qu'il fut choisy pour remplir le nombre des Apostres; & beaucoup plus saint Barnabé, & les autres, à qui iamais on n'a communiqué ce nom que saint Paul n'a pris que pour luy seul, par vne humilité toute particuliere.

Mais quand nous accorderions à ces Docteurs que ce nom pourroit estre appliqué à saint Barnabé, & aux autres qui ont esté appellez depuis l'Ascension, ils n'en sçauroient tirer aucun aduantage; & cela seruiroit plutost pour destruire leur Remarque. Car ils soustiennent plus bas que saint Barnabé a esté *égal à saint Paul*, & qu'on ne peut égaller l'vn à saint Pierre, [a] qu'on ne luy esgalle aussi l'autre. De sorte que si saint Barnabé a esté veritablement supernumeraire, selon leur pretention, il s'ensuit que saint Paul n'a point esté le premier des supernumeraires; & qu'ainsi la pensée qu'ils attribuënt à saint Chrysostome est fausse, selon eux-mesmes.

Il est aussi faux *qu'on* [b] *appelloit communément abortiuos les Senateurs supernumeraires*, Suetone tesmoignant que ce nom fut donné aux supernumeraires qui furent creés depuis la mort de Cesar, & encore [c] par le *menu peuple*: ioint qu'il faut voir qu'ils ne furent appellez de la sorte que par mocquerie, pour marquer non seulement qu'ils estoient supernumeraires, mais aussi qu'ils auoient esté esleus *par faueur & par argent*. Et ainsi il seroit tres-éloigné de la vertu & de l'élection si diuine de S. Paul, aussi bien que du respect que nous luy deuons, de luy appliquer vn terme si iniurieux & si impie. Outre qu'il n'est pas asseuré que ces Senateurs ayent esté nommez *abortiui*, y ayant des Liures anciens qui lisent dans ce lieu de Suetone, *Orcin.* Et cette leçon a esté suiuie comme la vraye dans toutes les dernieres Editions corrigées par les plus habiles hommes de ce temps. Ce qui monstre que l'obseruation de ces Docteurs n'est pas plus conforme à la science des *belles lettres*, dont ils se vantent, qu'à la verité de l'Histoire & de l'Escriture.

Mais quand toutes ces raisons ne ruineroient pas en tant de manieres cette premiere Remarque, & qu'il seroit constant que les Senateurs Romains estoient iadis appellez *abortiui*, pour exprimer simplement la

[a] *pag. 9. & 10. Dans la Remarque* VI.

[b] *pag. 2.*

[c] Erant super mille, & quidam indignissimi, & post necem Cæsaris per gratiam & præmium allecti, quos abortiuos vulgus vocabat (al. Orcinos.) *Sueton. in Octau. cap. 35.*

qualité de supernumeraire ; & qu'ils estoient ainsi appellez serieusement, & non par raillerie ; par tout le monde, & non seulement par le menu peuple, comme dit Suetone ; toutes-fois il ne conuiendroit pas à saint Paul, qui n'a point esté supernumeraire, ny dans l'Eglise, ny parmy les Apostres, ayant esté choisy pour estre [d] *le Chef des Nations*, selon saint Gregoire, & le *Prince de toute l'Eglise* ; & estant contre la lumiere de la raison que la teste puisse estre supernumeraire dans vn corps, & le Prince dans vn estat. Et il a merité de [e] posseder parmy les Apostres *le douziéme Throsne*, & non le treziéme, comme l'Eglise le chante publiquement dans l'Office, parce qu'il n'a esté conté que pour vn auec saint Pierre, auquel il a esté lié par vne vnité admirable & toute particuliere, qui les a rendus vn mesme Chef de l'Eglise selon les Peres, comme il a esté amplement expliqué dans le Liure de la Grandeur de l'Eglise Romaine.

Caput effectus est nationum, quia obtinuit totius Ecclesiæ principatum. *S. Greg. lib. 4. in 1 Reg. c. 10.*

e Meruit duodecimum thronum possidere. *In festo Conuers. S. Pauli ad 2. Nocturn. &c.*

Enfin les Auteurs de cette Remarque l'ont voulu couronner d'vne conclusion digne d'elle, adioustant *qu'on s'estonne* que leurs aduersaires *dans leur Epistre au Pape, font encor dire au mesme Saint, que* PAVLVS PRIMVS EST OMNIVM : *marquant ces mots en lettre Italique, comme s'ils les auoient copiez de la mesme Homelie qu'ils citent en la marge, où il y a seulement*, PAVLVS EX NOVISSIMIS PRIMVS. Mais il y a plus de suiet de s'estonner qu'ils ayent eu si peu de sincerité, ou de lumiere, qu'ils n'ayent peu voir qu'il falloit corriger cette faute de la marge de l'Epistre liminaire par la citation veritable qui se trouue dans le corps du Liure, où ces paroles de saint Chrysostome sont plusieurs fois attribuez à l'Homelie 3. sur saint Mathieu, où elles se trouuent comme on les a rapportées. Ou ils ont leu l'ouurage qu'ils osent reprendre, ou ils ne l'ont pas leu. S'ils ne l'ont pas leu, ils le reprennent auec trop d'iniustice, & s'ils l'ont leu, ils sont inexcu-

Pag. 649. 651. 694. &c. Παῦλος πρῶτος πάντων ἐγένετο. *in Matth.*

sables de luy reprocher comme des faussetez, ce qu'ils ont veu qu'il a cité auec vne entiere fidelité en tant d'endroits; & ils deuoient plutost prendre garde de ne se rendre pas eux-mesmes coupables des faussetez mesmes dont ils l'accusent pour auoir sujet de l'en accuser.

Ce seul lieu de saint Chrysostome qui porte expressement, *que saint Paul a esté le premier de tous*, sans parler de tant d'autres où il luy attribuë *la primauté*, & les mesmes aduantages qu'à saint Pierre, eust esté suffisant pour les empescher de connoistre tant de fautes dans cette premiere Remarque, en reprenant auec si peu de verité la citation d'vn seul passage, quoy que tres-innocente, afin de persuader que saint Chrysostome a voulu dire que saint Paul n'a esté le premier que parmy les derniers & les supernumeraires, contre sa doctrine si constante & si vniuerselle, si Dieu n'eust voulu apprendre aux hommes par leur exemple, qu'on ne sçauroit blesser sa verité sans se blesser soy-mesme, en violant les regles de la raison de la science diuine & humaine & de la conscience.

REMARQVE II.

En quel sens les Papes asseurent que toute la puissance Episcopale vient de leur Eglise. Que l'accusation de fausseté qu'on fait sur ce point est elle mesme fausse & entierement déraisonnable.

IL paroist assez par ce que nous auons veu dés l'entrée, & il paroistra beaucoup dauantage par ce que nous verrons dans la suitte de ces Remarques, que ceux qui les ont faites sont plus propres pour commettre des faussetez que pour les reprendre. Car leur seconde Remarque ne contient encore autre chose. Ils l'a proposent en cette maniere, continuans d'accuſer touſiours de meſme les deffenſeurs de l'ancienne doctrine de l'Egliſe : *Ils aſſeurent que les Papes diſent que l'origine du nom & de la puiſſance Epiſcopale vient de leur Egliſe, comme de celle qui a fondé les autres par ſes deux premiers Chefs : & citent pour cela ſaint Innocent, en ces termes, A qua ipſe Epiſcopatus & tota autoritas huius nominis emerſit, &c.* A quoy ils oppoſent les paroles de ſaint Innocent & de Siricius, adiouſtant, *qu'il eſt clair qu'ils ne diſent pas que l'origine du nom & de la puiſſance Epiſcopale vient de leur Egliſe par ſaint Pierre & par ſaint Paul, mais ſeulement que l'Apoſtolat & l'Epiſcopat ont commencé par ſaint Pierre, & que toute l'autorité de ce nom vient de cét Apoſtre.* Pag. 2. Pag. 3.

Il ne faut que voir le lieu dans le Liure de la Grandeur de l'Egliſe Romaine, pour reconnoiſtre la verité & la fidelité de ce reproche. Car il ne dit pas que les Papes Innocent & Siricius ont eſcrit, *que l'origine du nom & de la puiſſance Epiſcopale vient de leur Egliſe, comme de celle qui a fondé les autres par ſes deux premiers Chefs* ; & il n'attribuë pas ces paroles à ces deux Papes, comme on l'aſſeure fauſſement ; mais il dit ſeulement que les Papes ayant declaré pluſieurs fois que l'origine de la dignité Epiſcopale eſt venuë de leur Egliſe, comme il eſt clair par ces deux Papes, qui n'ont eſté citez en marge que pour cela ſimplement ; cette propoſition qui paroiſt difficile l'entendant de ſaint Pierre ſeul, parce qu'il eſt aſſez clair que la puiſſance Epiſcopale n'a pas pris ſon origine de la perſonne de ſaint Pierre dans pluſieurs Prouinces, où il n'a pas eſté, ny fondé les Egliſes, eſt tres-vraye & tres-claire l'entendant conioinctement de ſaint Pierre & de ſaint Paul, comme des deux Fondateurs de l'Egliſe Romaine. Car eſtant certain que ces deux Apoſtres enſemble ont fondé toutes les Egliſes du monde, comme les Peres & les Conciles l'aſſeurent particulierement de ſaint Paul, il s'enſuit qu'il eſt vray de dire que l'Egliſe Romaine a eſté l'origine & la source de la puissance Episcopale dans toute la terre, puis qu'elle l'a esté par ces deux Apostres comme par ses deux premiers Chefs, & ses Fondateurs. Ie r'apporteray le lieu tout au long, afin qu'on voye mieux la verité, & tout ensemble l'auantage de l'Eglise Romaine dans la doctrine qu'on a voulu persuader luy estre si contraire : *Saint Paul est appellé Fondateur de toute l'Eglise auec saint Pierre, comme source de toutes les Eglises, ayant produit & formé dans tout le monde auec luy non seulement les membres, mais aussi les Chefs & les Euesques des Eglises, & ayant estably l'ordre & l'autorité Ecclesiastique dans toute l'estenduë de la Terre. Et c'est ce que les Papes veulent marquer, lors qu'ils disent si souuent que l'origine du nom & de la puissance Episcopalle vient de leur Eglise.* Ce qui est prouué par les Epistres des Papes Innocent I. & Siricius marquées à la marge. Et pour expliquer en quel sens cela est vray, il est adiousté en suite qu'ils ont parlé de la sorte de leur Eglise, *comme de celle qui a fondé toutes les autres Eglises dans toute la Terre par ses deux premiers Fondateurs, & par ses deux premiers Chefs. Et comme cette façon de parler des Papes est la plus honnorable & la plus glorieuse pour l'Eglise Romaine, & celle par laquelle ils ont dessein d'exprimer dauantage la dignité & la préeminence qu'elle a par dessus les autres Eglises, & par dessus les Prelats qui les gouuernent; il est certain que cette préeminence ne luy appartient pas moins par saint Paul que par saint Pierre, puisque c'est de saint Paul que nous sommes particulierement asseurez qu'il a fondé des Eglises par toute la Terre, & qu'il a gouuerné toutes les Eglises du monde, comme dit saint Chrysostome : & pour cette raison il est appellé par Origene, le Fondateur des Eglises apres Iesus-Christ.*

De la Grandeur de l'Eglise Romaine, liu. 3. ch. 19. pag. 325.

Voilà ce qui se trouue veritablement dans le Liure de la Grandeur de l'Eglise Romaine, lequel on calomnie d'autant plus iniustement sur ce point, qu'on deuoit plutost reconnoistre le seruice qu'il a rendu à l'Eglise Romaine & au saint Siege, en rendant tres-claire & tres-aisée vne parole des Papes qui sembloit difficile, & que ceux qui ſe meſlent de le reprendre auec ſi peu de ſincerité, auroient peut-eſtre de la peine d'expliquer nettement ſelon leurs principes.

Ie ne m'arreſteray pas icy à ce qu'ils alleguent Tertullien, diſant que Ieſus-Chriſt *a donné à ſaint Pierre les clefs du Ciel, & par luy à l'Egliſe*; ce paſſage eſtant ſi peu à propos apres tant d'autres qui ont eſté citez, où les Peres & les Papes attribuënt ces meſmes *clefs* & cette meſme *puiſſance de lier & de délier* à ſaint Paul, & adouoënt qu'ils l'ont receuë de luy, auſſi bien que de ſaint Pierre, qu'il faut neceſſairement où que cette expreſſion ne ſerue de rien pour releuer l'autorité de ſaint Pierre, ou qu'elle releue égallement celle de ſaint Paul, puis qu'elle eſt appliquée ſi ſouuent à tous les deux, & conioinctement & ſeparément, en la meſme maniere, ſans aucune difference. Et ainſi cette ſorte de paſſages au lieu d'appuyer l'opinion de ceux qui veulent rabaiſſer iniuſtement ſaint Paul, la deſtruit & la ruine ſans reſource.

Adrian. I. ep. ad Conſt. & Iren. In ſynodo VII. act. 2. Greg. VII. in Conc. Rom VII. S. Laurent. Iuſtin. ſerm. de SS. Pet. & Paulo, &c.

Apres cela il n'eſt pas beſoin de reſpondre à ce qu'on ſe plaint que ce paſſage de Tertullien n'eſt pas *au Chap.* 10. *de Præſcript.* comme il eſt marqué à la marge du Liure, mais *au Chap.* 10. *de Scorpiaco*; & que dans l'Epiſtre du Pape Innocent I. il y a A QVO, & non pas *à qua*, comme il ſe lit dans ce meſme Liure, n'y ayant perſonne qui ne iuge, qu'il ne faut pas s'eſtonner ſi on impute ces menuës fautes d'impreſſion, qui ne ſont de nulle conſequence, puis qu'elles ne changent aucunement le ſens, à vn homme qu'on charge de tant d'autres accuſations plus importantes & plus atroces, qui ne ſeruent qu'à décrier deuant Dieu & deuant les hommes ceux qui en ſont les Auteurs, & à donner plus de force & d'éclat à la verité qu'on combat d'vne maniere ſi peu iuſte & ſi peu Chreſtienne.

Qui ne void que dans l'Epiſtre du Pape Innocent I. ſoit qu'on liſe, A QVO *ipſe Epiſcopatus, & tota autoritas nominis huius emersit*; ou bien A QVA *ipse Episcopatus, &c.* le sens demeure tousiours de mesme ; sçauoir que toute la dignité Episcopale & toute la puissance qu'elle enferme, est venuë de l'Eglise Romaine & du siege Apostolique ; & que la seule difference qu'il y a entre ces deux leçons est, que l'vne attribuë immediatement cette gloire à l'Apostre qui a fondé le siege Apostolique, comme à la source de tous ses aduantages & de tous ses priuileges ; & l'autre l'attribuë immediatement au siege Apostolique, & à l'Eglise Romaine, comme à celle qui l'a receuë de cét Apostre. Et ce dernier sens paroist tres-conforme aux paroles de saint Innocent, [a] *Scientes quid Apostolicæ sedi, (cum omnes hoc loco positi, ipsum sequi desideremus Apostolorum) debeatur, à quo ipse Episcopatus & tota auctoritas huius nominis emersit* : où il est manifeste que la suitte naturelle du texte, & la construction Latine veut qu'on lise, *à qua*, & non *à quo* ; & qu'on rapporte l'origine de la puissance Episcopale au siege Apostolique mesme selon saint Leon [b] qui appelle le siege Apostolique & *la chaire de saint Piere mere de la dignité sacerdotale*, c'est à dire Episcopale, & selon le style ordinaire des Peres & des Papes, qui attribuent à ce siege & à l'Eglise Romaine, tout ce qui appartient proprement à ceux qui l'ont fondée ; parce qu'ils luy ont laissé toute leur grandeur & toute leur puissance : ainsi qu'il est clair par ces paroles du Pape Gelase, *Que* [c] *l'Eglise Catholique & Apostolique de Rome n'a pas esté esleuée au dessus de toutes les Eglises par les Ordonnances des Conciles, mais qu'elle a receu la primauté de la propre bouche de nostre Seigneur & de nostre Sauueur, disant dans l'Euangile vous estes Pierre, &c.* estant visible que ces paroles de l'Euangile n'ont pas esté proprement adressées à l'Eglise Romaine, qui n'estoit pas encor, mais à saint Pierre, qui la deuoit fonder & la rendre heritiere de sa Primauté par l'ordonnance de Iesus-Christ.

[a] *Innocēt. I. ep 24. ad Con. Carthag. tom. 1. con. Gen.*

[b] B Petri Apostoli sedes vobis sacerdotalis mater est dignitatis. *S. Leo ep. 4. ad Ep. Sicil. c. 1.*

[c] Romana Ecclesia nullis synodicis constitutis cæteris Ecclesiis prælata est, sed Euangelica voce Domini & Saluatoris nostri Primatum obtinuit. Tu es Petrus, &c. *Gelas. in Con. Rom. 1.*

Mais pour monstrer encore plus clairement à ces Messieurs

Messieurs le peu d'auantage qu'ils ont à pointiller si bassement sur cét endroit, comment prouueront-ils que le Pape Innocent parle de saint Pierre, & non de saint Paul lors qu'il dit; *Scientes quid Apostolicæ sedi (cum omnes hoc loco positi ipsum sequi desideremus Apostolum) debeatur, à quo ipse Episcopatus & tota autoritas nominis huius emersit* : Ne se souuiennent-ils pas de cette Regle celebre de saint Augustin, approuuée par le consentement de tant de Theologiens, *Que lors qu'on nomme simplement l'Apostre, sans exprimer quel Apostre, on n'entend que saint Paul.* D'où il s'ensuit que le Pape Innocent nommant simplement l'Apostre, a voulu marquer saint Paul, & reconnoistre cét Apostre par excellence, l'Auteur & la source de l'autorité Episcopale dans toute la terre; parce qu'il a fondé les Eglises, & par consequent il a estably les Euesques de tout le monde selon les Peres. La suite du texte confirme ce sens, parce qu'il adiouste, que *suiuant cét Apostre il sçait condamner les choses mauuaises, & approuuer celles qui sont loüables*; faisant allusion à ce que saint Paul escrit aux Thessaloniciens, *Espreuuez toutes choses; retenez ce qui est bon, & esloignez de vous toute apparence de mal.* Et cela mesme est conforme à ce que ce Pape n'a pas seulement accoustumé de releuer l'autorité de son Eglise & la sienne par saint Pierre, mais aussi par saint Paul, comme tous les autres Papes; ainsi qu'il paroist par sa Lettre aux Euesques du Concile de Mileuis, qui fut escrite en mesme temps que celle du Concile de Carthage dont nous parlons, où il les loüe de ce qu'en s'adressant à luy pour le consulter touchant l'heresie des Pelagiens, *Ils ont honnoré l'Apostre, qui outre les affaires du dehors, est continuellement chargé de soin de toutes les Eglises*, se considerant comme successeur de saint Paul, & comme representant sa personne, & exprimant la grandeur & l'estenduë de l'autorité du siege Apostolique par celle de cét Apostre; qui estoit la mesme, ainsi que les Pa-

Apostolus cum dicitur, si non exprimatur quis Apostolus non intelligatur nisi Paulus. *Aug. l. 3. ad Bonif. cap. 3.*

Quem sequentes, mala iam damnare nouimus, quàm probare laudanda. *Innocent. ibid.*

Omnia probate, quod bonum est tenete, ab omni specie mala abstinete vos. *1. Thessalon. 5.*

Diligenter & congruè Apostolico consulitis honori, inquam illius quē præter illa quæ sunt extrinsecus, solicitudo manet omnium Ecclesiarũ. *Innocent. ep. ad Mileuit. Con.*

Voyez le Liure de la Grandeur de l'Eglise Romaine, liu. 2. ch. 3. & 4.

pes & les autres Peres le tesmoignent si souuent par ces mesmes paroles dans les lieux que l'Auteur a marquez. De sorte que quand il auroit escrit dans son Liure ce qu'on luy impute, que le Pape Innocent I. dit que la dignité & la puissance Episcopale est venuë de l'Eglise Romaine par saint Paul, aussi bien que par saint Pierre, il n'y auroit nul sujet de le reprendre, & les accusations de ses aduersaires seroient tousiours iniustes & déraisonnables.

REMARQVE III.

Que le Concile VIII. Oecumeniqüe dit veritablement que saint Pierre & saint Paul sont les deux pierres de l'Eglise principale, & qu'ils composent ensemble le supréme degré de la principauté des Apostres.

TOute la difficulté que les Auteurs des Remarques font contre ce passage si illustre, ne consiste qu'en ce qu'ils soustiennent qu'il n'est point du Concile, mais d'Ignace Patriarche de Constantinople; qu'il n'est pas *la voix du saint Esprit*, mais, *vn compliment de ce Patriarche* au Pape Adrian II. & que mesme *cette Epistre n'a pas esté escritte au nom ou par l'ordre du VIII. Concile Oecumenique, ny leuë, ny approuuée dans cette Assemblée generale.*

Pour voir la verité de ce discours il ne faut que raporter les paroles de l'Abbé Anastase Bibliothecaire de l'Eglise Romaine qui assista à ce Concile, & en a escrit l'Histoire, qu'il a dediée au mesme Pape Adrian II. sous lequel ce Concile fut tenu. Car apres auoir representé en abregé dans sa Preface ce que contiennent les actes de ce Concile, il parle ainsi à ce Pape : *Il faut aussi receuoir auec honneur & reuerence les Epistres escrittes à l'Euesque de Rome tant par le Concile, que par le Patriarche (Ignace) par les Empereurs, qui se*

Sanè epistolæ tam Synodi, quàm Patriarchæ & Imperatorum ad Ro-

trouuent à la fin du Liure des Actes de ce Concile. Car elles ont eſté ordonnées & eſcrittes du conſentement de tout le Concile lors qu'il ſe tenoit encore. Que ces nouuueaux Docteurs accordent maintenant leurs Remarques auec le teſmoignage ſi éuident de cét ancien Abbé & bibliothecaire de l'Egliſe Romaine. Ils aſſeurent que l'Epiſtre dont il s'agit *n'a pas eſté eſcritte au nom ou par l'ordre du VIII. Concile Oecumenique* : Et cét Auteur ſouſtient au contraire *qu'elle a eſté ordonnée & eſcrite du conſentement de tout le Concile.* Ils aſſeurent *qu'elle n'a pas eſté leuë & approuuée dans cette Aſſemblée generale* : Et cét Auteur ſouſtient *qu'elle a eſté ordonnée & eſcritte du conſentement de tout le Concile* , non apres qu'il fut tenu, mais *lors qu'il tenoit encore.* A quoy on peut adiouſter pour vne troiſiéme fauſſeté, qu'ils aſſeurent que *l'inſcription n'eſt que ſous le nom d'Ignace Patriarche de Conſtantinople;* au lieu de conſiderer que le tiltre qui ſe trouue deuant cette Epiſtre dans les Actes du Concile publiez par le meſme Abbé Anaſtaſe porte, que *cette Epiſtre fut eſcritte touchant trois points , que tous les ſieges Patriarchaux auec tout le Concile n'oſeront point decider, mais reſolurent d'en demander la deciſion au ſiege Apoſtolique par le Patriarche Ignace.* Cela ſuffit pour monſtrer que les Auteurs de ces Remarques vont vn peu trop viſte, & que le deſir precipité qu'ils ont d'accuſer de fauſſetez ceux qui en ſont tres-innocens & tres-eſloignez, fait qu'ils ne prennent pas garde à celles où ils s'engagent pour le moins par imprudence. Ie ne m'arreſteray pas icy à examiner par le menu les coniectures dont ils taſchent d'appuyer leur fauſſe opinion, parce qu'elles tombent toutes ſeules apres le teſmoignage que nous auons produit pour l'Epiſtre qu'ils mépriſent.

manum Pontificē miſſæ, quæ in Codicis & actionum ipſius Synodicales habentur inſertæ, reuerenti ſunt cultu recipiendæ. Nam à totius Synodi conſenſu, dum adhuc ageretur, decretæ ſunt & expoſitæ. *Anaſtaſ. Biblioth. in Præfat.* VIII. *Synodi ad Adrian.* II.

Subſequens epiſtola pro tribus capitulis, quæ quidem nec omnes Patriarchales ſedes cum tota Synodo auſæ ſunt defiuire, ſed horum diſpoſitionē per Patriarcham Ignatium à ſede Apoſtolica cenſuerunt humiliter poſtulari. *Tit ep. ad Adrian. Pap. Conc.* VIII. *Act.* 16.

Ie diray ſeulement qu'ils ſe trompent beaucoup, & qu'ils la calomnient encor iniuſtement , lors qu'ils pretendent qu'elle *ne peut eſtre la voix du ſaint Eſprit*, parlant dans le Concile ; & meſme qu'on ne peut dire *qu'elle soit à l'honneur de saint Pierre & de saint Paul*, parce qu'elle dit *que Dieu a rendu Rome plus illustre & plus esclattante par Nicolas I. & par Adrian II. que par ces Princes des Apostres.* Cela ne se trouue point dans cette Epistre, & cette accusation ne procede que d'vne trop grande chaleur, & du peu d'attention qu'ils ont apporté pour l'entendre. Les paroles qu'ils marquent signifient que Dieu n'a pas seulement rendu illustre au commencement la ville de Rome par ses deux premiers Chefs saint Pierre & saint Paul, mais qu'il luy a conserué cét honneur iusques au temps de ce Concile, & qu'il a mesme adiousté à la gloire qu'elle auoit receuë de ces premiers Apostres, la rendant encore plus illustre & plus esclatante qu'elle n'estoit auparauant, par les Papes Nicolas I. & Adrian II. Car c'est ainsi qu'il faut traduire cette Epistre. *Iesus-Christ dés le commencement de l'Eglise a rendu illustre & esclatante vostre grande ville de Rome par ces deux pierres saintes qui ont esté prises de l'Orient pour estre establies dans elle, c'est à dire saint Pierre & saint Paul qui composent ensemble le suprême degré de la principauté des Apostres. Mais il l'a aussi honnoré en ce temps, & il a mesme augmenté sa gloire & son esclat par ces pierres saintes & & pretieuses à qui la charge Pontificale a esté commise, sçauoir par le tres-heureux Nicolas, & par vostre sainteté.*

Christus olim quidem illustrem & perspicuam operatus est vestram magnam ciuitatē Romam per eos sanctos lapides, qui ab Oriente ad eā deuoluti sunt, Petrum aio & Paulum, eximiam principalem Apostolorum summitatem: sed nihilominus & in nostris temporibus: quin potius & illustriorem & clariorem demonstrauit per eos quibus in generatione nostra Pontificalia gubernacula eius commissa sunt, sanctos & pretiosos genera lapides, Nicolaum videlicet beatissimum, & fraternam sanctitatem tuam. *Ibid.*

Voila comme la force de la verité dissipe en vn moment tous les efforts de ses ennemis, & tous les grands bruits qu'ils on fait sur la production de cette Epistre *ordonnée & approuuée par le consentement de tout vn Concile Oecumenique*, comme dit l'Historien & Bibliothecaire celebre de l'Eglise de Rome, parlant au Pape mesme à qui cette Epistre fut addressée, & sous lequel ce Concile fut assemblé, apres y auoir assisté en personne.

Mais quand cette Epistre ne seroit que de saint Ignace Patriarche de Constantinople, ne suffiroit-elle pas pour autoriser la verité touchant la dignité ſupréme de ſaint Pierre & de ſaint Paul par des paroles ſi fortes & ſi aduantageuſes, qu'il eſt impoſſible d'en ſouhaitter de plus claires? Ne ſeroit-ce pas aſſez pour conuaincre ceux qui ont voulu faire condamner cette verité comme vne erreur & vne hereſie contraire à l'honneur du ſaint Siege, qu'elle ait eſté ſi hautement confirmée & publiée à la veuë de toute l'Egliſe par vn Patriarche de Conſtantinople ſi celebre par ſa naiſſance, par ſa dignité, par ſon merite, par ſa ſainteté, par ſon affection pour l'Egliſe Romaine, & par celle que l'Egliſe Romaine luy a témoignée reciproquement en le protegeant auec tant de fermeté contre la faction de Photius appuyée de la Cour & des Empereurs; & encore par vn Patriarche ſi illuſtre parlant à vn Pape excellent, & donnant à ſon Siege Apoſtolique les plus grandes loüanges dont il a crû le pouuoir releuer, en luy attribuant toute la gloire de ſaint Pierre & de ſaint Paul, *qui ont composé enſemble le plus éminent degré de la principauté des Apoſtres*? C'eſt ce que ces Meſſieurs deuoient conſiderer, & c'eſt à quoy il falloit reſpondre s'ils croyoient le pouuoir faire, ou bien d'honnorer la verité par vne humble reconnoiſſance, au lieu d'entreprendre de la décrier par des reproches ſans fondement. Car de dire que ces paroles dont il s'agit ne ſont qu'*vn compliment de ce Patriarche* enuers le Pape Adrian II. c'eſt parler plutoſt en Courtiſan qu'en Theologien; quoy que les Courtiſans meſmes, s'ils ne ſont entierement impies, n'ayent pas accouſtumé de faire des erreurs & des hereſies par compliment, ſur tout parlant aux Papes; & des hereſies qui ruinent l'autorité du ſaint Siege, comme ces Meſſieurs pretendent qu'elle eſt ruinée par la doctrine qui eſt contenuë dans ces paroles qu'ils veulent faire paſſer vn compliment auſſi rare & auſſi mauuais ſelon les loix de la ciuilité & du monde, que ſelon celles de Dieu & de la Religion.

I'adiouſteray encore pour finir cette Remarque, que s'ils euſſent bien leu le Concile dont ils parlent, ils n'euſſent pas eſcrit *qu'il ne ſe trouue rien de ſemblable dans les Epiſtres de ce Concile*, à ce qui eſt exprimé dans celle que nous venons de iuſtifier. Car ce meſme Concile dans l'Epiſtre Synodale qu'il a eſcrite au Pape Adrian II. dit que *Dieu l'a eſtably iuge dans ce monde auec les Princes des Apoſtres ſaint Pierre & ſaint Paul, comme il iugera auſſi dans l'autre ſiecle les meſchans & les impies de toutes les Nations*, declarant par ce diſcours ſaint Paul Prince des Apoſtres auec ſaint Pierre, & iuge de tout le monde & de toutes les nations, en ce ſiecle & en l'autre auec le meſme Saint, comme les Papes le ſont apres eux; c'eſt à dire teſmoignant que ſaint Paul eſt vny à ſaint Pierre dans la qualité ſupréme de Prince des Apoſtres, & de iuge de toute l'Egliſe; & par conſequent le Chef vniuerſel de tout le Chriſtianiſme, comme les Papes, conformément aux paroles de cette Epiſtre qui diſent en meſme ſens que ſaint Pierre & ſaint Paul *compoſent le ſuprême degré de la principauté des Apoſtres*. Car les termes de l'Epiſtre Synodale ſemblent encore plus forts en ce qu'ils n'expriment pas ſeulement la principauté des Apoſtres commune à ſaint Pierre & à ſaint Paul, comme l'autre; mais auſſi la iuriſdiction vniuerſelle qu'ils ont generalement ſur toute l'Egliſe en ce monde & en l'autre, & qu'ils ont laiſſée aux Papes, comme à leurs enfans & à leurs heritiers, ainſi que les Papes meſmes s'en glorifient ſi ſouuent. Et pour voir encore dauantage combien les Auteurs de ces Remarques ſont inexcuſables, cét endroit de l'Epiſtre Synodale du Concile VIII. Oecumenique a eſté cité dans le Liure de la Grandeur de l'Egliſe Romaine, au Chapitre d'où ils ont pris les paroles qu'ils ont taſché de fleſtrir par leurs obiections, quoy qu'ils le diſſimulent auec leur ſincerité ordinaire.

Cum Petro & Paulo principibus Apoſtolorum iudices vos demonſtrẽt, etiam in futuro ſeculo, multarum gentium & populorum, propriis bonis operibus, impios & iniquos iudicaturos, quemadmodum & nunc debite feciſtis. *Conc. VIII. epiſt. Synod. ad Adrian. II. Act. 10.*

Ie ne parleray point de ce que les actes de ce meſme Concile continuënt pluſieurs pieces & decrets du Concile de Rome ſous le Pape Adrian II. qui furent leus & approuuez dans les Aſſemblées publiques de ce Concile vniuerſel, où ce Pape declare *qu'il eſt preſt de mourir pour maintenir l'honneur des SS. Apoſtres & les priuileges de leur Siege*; & qu'il caſſe le faux Concile de Photius, *par le iugement ſouuerain de Noſtre Seigneur Ieſus-Chriſt, & par l'autorité des Princes des Apoſtres ſaint Pierre & ſaint Paul, & la ſienne;* attribuant à ſaint Paul vne meſme principauté des Apoſtres, vn meſme ſiege, les meſmes priuileges, & vne meſme autorité, qui ne peut eſtre que celle de Chef & de Paſteur vniuerſel de toute l'Egliſe, puiſque c'eſt la meſme qui reſide dans les Papes, & par laquelle ils caſſent les Conciles des Eueſques tenus dans les Prouinces les plus eſloignées, & dans les premieres Egliſes du monde. Ce que ſi les Critiques euſſent pris la peine de conſiderer, ils n'euſſent eu garde d'eſcrire *qu'il ne ſe trouue dans ce Concile rien de ſemblable* aux paroles de l'Epiſtre dont il eſt queſtion, puiſque ce Concile a teſmoigné ſi ſouuent qu'il eſtoit dans les meſmes ſentimens, auſſi bien que les Papes.

Ego pro veneratione Apoſtolorũ, pro priuilegiis defendendis ſedis ipſorum &c. in promptu habeo, ſi neceſſe ſit, mortis ſuſtinere diſcrimẽ. *Adrien* II. *Concil.* VIII. *Act.* 7.

Summi iudicis Domini noſtri Ieſu Chriſti, Sanctorumque Apoſtolorum Principum Petri & Pauli, noſtræque mediocritatis auctoritate, penitus abolenda decernimus. *Idem ibid.*

C'eſt pourquoy ils ont encore plus grand tort de ſouſtenir que ce Concile teſmoigne *plutoſt le contraire dans l'vne de ſes Epiſtres*; parce qu'il appelle ſaint Pierre *Apoſtolorum principaliſsimam ſummitatem.* Car il a eſté prouué ſi amplement dans le Liure de la Grandeur de l'Egliſe Romaine, que c'eſt vne maniere tres-foible d'argumenter en concluant que les Eloges qui ſont donnez à ſaint Pierre par les Peres, ſont oſtez à ſaint Paul lors qu'il n'eſt pas nommé dans ces meſmes Eloges, que ie m'eſtonne que ces Docteurs qui ſe piquent de ſubtilité & de dialectique, ne ſe ſont plutoſt aduiſez de refuter cette reſponce, que de renouueler encore vne ſorte de raiſonnement, qui eſtoit deſia deſtruit deuant qu'ils le propoſaſſent.

Car il a esté monstré par vne infinité d'exemples anciens & nouueaux que les Peres n'excluënt iamais saint Paul lors qu'ils parlent de la dignité de saint Pierre, ny saint Pierre lors qu'ils parlent de celle de saint Paul; mais qu'ils enferment tousiours l'vn dans l'autre à cause de l'vnité incomparable & diuine qui les lie ensemble. Ce qui se peut verifier sans aller plus loin par le mesme Concile dont nous parlons. Car on y lit vn discours du Pape Adrian II. où le siege de Rome est appellé *le siege Apostolique de celuy qui a receu les clefs du Ciel*; & plus bas dans la mesme page se lisent les paroles du mesme Pape que nous venons de marquer, où il proteste qu'il est prest de mourir *pour l'honneur des SS. Apostres, & pour les priuileges de leur siege*, donnant esgallement à saint Pierre & à saint Paul l'honneur & les priuileges du siege Apostolique, & ce mesme siege tout entier, lequel il sembloit peu auparauant n'auoir donné qu'à saint Pierre. Et dans vn autre endroit sont rapportées encore d'autres paroles du mesme Pape, où *la principauté* Apostolique est attribuée à saint Pierre, sans parler de saint Paul; & neantmoins elle est attribuée à tous les deux conioinctement peu de lignes auparauant dans la mesme page, & par le mesme Pape, où il abolit le Concile de Photius, *par l'autorité des Princes des Apostres saint Pierre & saint Paul, & la sienne*; ainsi qu'il a esté dit auparauant. Qu'on ne propose donc plus des preuues & des manieres d'argumenter si peu subtiles, & mesme de si dangereuses consequences, puis qu'elles seroient capables de renuerser toute l'autorité du saint Siege, en ruinant celle de saint Pierre par tant de lieux qui ne font mention que de saint Paul, & celle de saint Paul par ceux qui ne font mention que de saint Pierre, selon le dessein de ces Theologiens.

Regni cœlestis clauigeri Apostolicam sedem. *Adrian* II. *in Concil.* VIII. *Act.* 7.

Nemo fidelium in iniuriam beati Petri principatus impune prorupit. *Idem ibid.*

REMAR-

REMARQVE IV.

Que saint Cyrille de Ierusalem fait saint Pierre & saint Paul esgallement Chefs de l'Eglise : Et qu'on tasche en vain d'éluder cette verité par des défaites, qui ont esté refutées en dissimulant tout ce qui a esté dit sur cette matiere.

LE lieu de saint Cyrille de Ierusalem appellant saint Pierre & saint Paul *Chefs de l'Eglise*, τῆς ἐκκλησίας προστάτας, est si aduantageux pour l'égalité de saint Pierre & de saint Paul, & il a esté si solidement expliqué dans le Liure de la Grandeur de l'Eglise Romaine, qu'il ne reste rien à desirer sur ce point aux personnes qui aiment la verité, & sont ennemies de la contention vaine & de la chicanerie. Mais les Auteurs des Remarques ne sont point d'humeur à se rendre tant qu'ils pourront rencontrer quelque sujet de repliquer & de broüiller les choses les plus claires & les plus asseurées. Ne trouuant rien à redire au discours de l'Auteur, ils s'en prennent au titre du Chapitre, qui est, *que saint Cyrille appelle esgallement saint Pierre & saint Paul les deux Chefs de l'Eglise ;* où ce mot *esgallement* ne les offense que parce qu'il est entierement opposé à leur dessein. Mais la seule representation des paroles de saint Cyrille iustifie d'abord ce qu'ils reprennent, estant visible que saint Cyrille appellant saint Pierre & saint Paul τῆς ἐκκλησίας προστάτας, *Chefs de l'Eglise*, il leur attribuë égallement cette qualité, puis qu'il la leur donne sans aucune difference, & par vn mesme terme. Et nul ne pouuant douter qu'il ne signifie le Chef de l'Eglise à l'égard de saint Pierre ; on ne peut aussi douter qu'il ne signifie cette mesme dignité à l'égard de saint Paul ; & qu'ainsi saint Cyrille ne leur rende commune la chose marquée par ce titre, aussi bien que le titre mesme. C'est à quoy ces Docteurs deuoient tascher de respondre au lieu de s'éleuer inutilement contre vne verité, à laquelle ils ne peuuent resister.

Car de repliquer comme ils font, *que les termes de saint Cyrille disent simplement que saint Pierre & saint Paul sont les Prelats de l'Eglise*; la seule maniere dont ils proposent cette response en disant qu'ils ne s'y veulent *point arrester*, monstre qu'ils ne la iugent pas eux-mesmes fort pertinente. Car tant s'en faut qu'elle soit contraire à ce qu'ils combattent, qu'elle le fauorise plutost & l'appuye, puis que si saint Paul a esté Prelat de l'Eglise comme saint Pierre; il faut qu'il ait esté comme luy Prelat vniuersel de toute l'Eglise. Aussi ie ne voy pas quelle difference ils peuuent mettre entre estre Prelat de l'Eglise, & estre Chef de l'Eglise; estant clair que ce n'est qu'vne mesme chose; & que celuy qui est Prelat de l'Eglise, est Chef de l'Eglise en la mesme maniere qu'il en est Prelat. Celuy qui est Prelat d'vne Eglise particuliere, est aussi Chef de la mesme Eglise; & celuy qui est Chef non d'vne Eglise particuliere, mais de l'Eglise en general & sans aucunes bornes, est par consequent Chef de l'Eglise vniuerselle estenduë dans toute la terre. Or n'y ayant point de doute que saint Pierre est Chef de l'Eglise en ce dernier sens, & pour cette raison saint Cyrille le nommant non Chef de quelque Eglise en particulier, mais *Chef de l'Eglise* absolument, pour monstrer qu'il est Chef ou Prelat de l'Eglise Romaine & vniuerselle; il s'ensuit que communiquant cette mesme dignité à saint Paul par le mesme mot, & dans le mesme sens, il luy communique veritablement la dignité de Chef & de Prelat vniuersel de toute l'Eglise. Aussi il est clair que ce mot de *Prelat*, & de *Prelature*, n'est pas moins employé par les Peres pour marquer l'éminence suprême des Papes & de l'Eglise Romaine par dessus tout le monde, que celuy de *Chef*; & le Pape Gelase disant, que *l'Eglise de Rome n'a pas receu la* PRELATVRE *sur les autres Eglises par les Decrets des Conciles, mais que c'est Iesus-Christ mesme qui luy a donné la* PRIMAVTE'. n'a pas creu qu'il exprimoit mal cette dignité sur-éminente; non plus que le Concile de Rome sous le Pape Adrian II. souscriuant aux paroles de ce Pape en ces mots: *Nous approuuons la iuste sentence du Prelat de l'Eglise vniuerselle.* Et cela est si asseuré & si clair que nos aduersaires mesmes l'ont reconnû dans leurs escrits, ayant prouué la primauté de saint Pierre par vn passage de saint Bonauenture, où il est appellé *Prelat de l'Eglise vniuerselle.*

Ecclesia Romana nullis Synodicis constitutis cæteris Ecclesiis prælata est sed Euangelij Domini & Saluatoris nostri primatum obtinuit. *Gelas. in Conc. Rom. 1.*

Iusta sententia vniuersalis Ecclesiæ Præsulis omnibus placet. *Conc. Rom. sub Adrian. II. contra Phot. refertur. Conc. VIII. Act. 7.*

Petrus Prælatus vniuersalis Ecclesiæ. *Hab. l. 1. p. 48.*

Mais l'Auteur du Liure de la Grandeur de l'Eglise Romaine a prouué si clairement par quantité de textes des Peres Grecs qu'ils se seruent de ce terme de saint Cyrille, προστάτης & προστασία pour signifier la charge mesme de saint Pierre sur toute l'Eglise, tant sur la Romaine, que sur les autres; & qu'ainsi cette charge estant exprimée par le mesme terme que saint Cyrille luy applique conioinctement auec saint Paul, il s'ensuit que cette charge leur a esté commune; qu'il y a dequoy s'estonner que ces Critiques ne fassent point conscience de fermer les yeux à vne si grande lumiere, qui les estonne & les rends muets, quelque passion qu'ils tesmoignent de contredire & de se deffendre.

Car au lieu de respondre à cette preuue, & à tant d'autres qui se voyent dans le Chapitre qu'ils attaquent auec tant de foiblesse, ils se contentent de repeter quasi les mesmes choses qu'ils ont dites dans leurs premiers escrits, & qui ont esté puissamment refutées. Ils pretendent que saint Cyrille n'a pas esgallé saint Paul à saint Pierre, parce qu'il *appelle separément* saint Pierre *le Prince*, ou *le premier des Apostres*, & celuy qui a receu les clefs du Ciel; au lieu que *iamais il ne donne vn pareil titre à saint Paul*; & ne dit de luy sinon qu'il a esté rauy iusques au troisiéme Ciel. D'où ils concluënt, qu'*il n'attribuë qu'à saint Pierre l'autorité des clefs, comme à saint Paul le priuilege à luy seul accordé d'auoir esté rauy dans le Ciel & d'y auoir oüy des choses inenarrables.*

Mais il a esté respondu & prouué vne infinité de fois dans le Liure de la Grandeur de l'Eglise Romaine, que les titres d'autorité & de puissance que les Peres donnent à saint Pierre seul, ne luy sont point particuliers à l'égard de S. Paul; non plus que ceux qui sont donnez à saint Paul seul, ne luy sont point propres à l'égard de saint Pierre. S'il ne se trouue pas formellement dans saint Cyrille de Ierusalem que les clefs du Ciel ont esté données à saint Paul comme à saint Pierre; & s'il n'appelle pas en termes exprés saint Paul *Prince*, ou *premier Chef des Apostres*, comme saint Pierre; il suffit que les autres Peres & les Papes ont exprimé clairement cette verité, & ont estendu à saint Paul aussi bien qu'à saint Pierre ces mesmes priuileges & ces mesmes titres; puisque sans parler de quantité d'autres, saint Chrysostome, [a] saint Maxime, saint Laurent Iustinien, asseurent qu'ils ont receu tous deux les clefs du Ciel; Et S. Gregoire le Grand, [b] Nicolas I. Gregoire VII. qu'ils ont receu pareillement la puissance de lier & de délier, c'est à dire cette mesme puissance suprême qui est particuliere à saint Pierre par dessus le commun des Apostres, & à laquelle les seuls Papes succedent, & qui selon [c] saint Maxime, selon le Pape Innocent III. & selon tous les Theologiens n'est autre chose que les clefs du Royaume du Ciel.

Et quand aux aux titres de *Prince des Apostres*, & de *premier Chef des Apostres*, les Peres en honnorent souuent saint Paul, aussi bien separément que conioinctement auec saint Pierre, qu'il seroit ridicule de les luy vouloir oster sur ce que saint Cyrille de Ierusa-

a Chrysost. hom. 167. tom. 5. edit. Sauil. S. Maxim hom 5. de SS. Pet. & Paulo. S Laurent. Iustin. Serm de iisdem.

b S Greg lib. Sacram. in vigilia SS. Apost. Petri & Pauli. Nicol I. ep. 8. ad Michaëlem Imp. Greg. VII in Conc. Rom. 7.

c S. Maxim. hom. 1. de nat. Apost. Innocent. III. serm. 2. de iisdem.

lem n'en a point parlé distinctement dans les escrits que nous auons de luy. Le seul témoignage du Concile de Florence, qui appelle égallement ces deux Apostres, non seulement Chefs, mais aussi *premiers Chefs*, πρωτοκορυφαίους, par vn terme singulier, & le plus fort qu'on sçauroit desirer, ne seroit que trop puissant pour destruire cette imagination. Il est donc éuident que saint Cyrille n'a attribué les clefs à saint Pierre à l'égard de saint Paul que par appropriation, comme la puissance est appropriée au Pere dans la Trinité, sans l'oster aux autres personnes diuines; parce que saint Pierre a receu les clefs visiblement de la propre bouche de Iesus-Christ d'vne façon particuliere décrite dans l'Escriture, où cela n'est pas exprimé si clairement de saint Paul.

Conc. Florent. Sess. 25.

Et afin que nos aduersaires reconnoissent qu'ils ne considerent pas assez les lieux des Peres dont ils veulent faire leçon aux autres, ils remarqueront s'il leur plaist, que la raison vraye & principale que saint Cyrille a eu d'attribuer specialement à saint Pierre les clefs du Ciel, & à saint Paul le rauissement au troisiéme Ciel, n'a pas esté pour rabaisser saint Paul, mais plutost pour le releuer. Car s'agissant de la défaite de Simon le Magicien, qui fut precipité du haut du Ciel par ces deux Saints; & ayant dessein de faire voir que cette victoire admirable ne deuoit point paroistre incroyable ou estrange pour deux Apostres si diuins, il a voulu representer les graces & les excellences de ces Apostres, où il paroissoit des marques visibles du pouuoir qu'ils auoient dans le Ciel pour produire vn effet si extraordinaire. *Et quoy que cette action*, dit il, *soit pleine de merueille; nous ne deuons pas neantmoins nous en estonner. Car c'estoit le grand Pierre qui auoit receu les clefs du Ciel; c'estoit le grand Paul qui auoit esté rauy iusques au troisiéme Ciel, & iusques dans le Paradis, & qui auoit entendu des choses qu'il n'est pas permis à vn homme de dire; c'estoit dis-je ces deux Saints, qui*

Καὶ οὐδὲν θαυμαστὸν, καὶ πῶς οὐ θαυμαστόν; Πέτρος γὰρ ἦν ὁ τὰς κλεῖς τῶν οὐρανῶν περιφέρων καὶ οὐ θαύματος ἄξιον. Παῦλος γὰρ ἦν ὁ εἰς τρίτον οὐρανὸν ἁρπαγεὶς, καὶ εἰς παράδεισον, καὶ ἀκούσας ἄρρητα, ἃ οὐκ ἐξὸν ἀνθρώπῳ λαλῆσαι· ἐξ ἀέρος ἐπὶ γῆν κατήγαγον τὸν νομιζόμενον θεόν. Cyrill. Ierofol. hom. 6. ad Illum.

firent tomber en terre du milieu de l'air, celuy qui croyoit eftre Dieu. On voit par ce difcours que faint Cyrille a cherché dans les excellences de ces deux Apoftres dont l'Efcriture parle, quelque rapport & quelque proportion fenfible auec ce miracle, par lequel ils empefcherent ce Magicien de s'efleuer iufques dans le Ciel à la veuë de tout le monde. Or il ne trouuoit rien de plus formel pour cela dans faint Pierre que le don que Iefus-Chrift luy fit des clefs du Ciel; eftant clair que celuy qui a receu le pouuoir d'ouurir & de fermer le Ciel à tous les hommes, a bien pû le fermer à vn feul homme. Mais il n'auoit garde de s'arrefter à ce mefme don des clefs pour le regard de faint Paul, parce qu'il trouuoit dans luy quelque chofe de plus fort & de plus aduantageux à fon deffein, fçauoir le rauiffement de cét Apoftre iufques au troifiéme Ciel; cette grace eftant vne preuue plus éuidente & plus fenfible du credit que faint Paul auoit dans le Ciel, fur tout pour des Cathecumenes qui n'eftoient pas encor inftruits dans la connoiffance parfaite de nos myfteres deuant lefquels il faifoit ce difcours pour les preparer au Baptefme. Car il n'y a perfonne qui ne iuge d'abord que c'eft vne plus grande grace & vn plus grand effet de la bien-veillãce & de la mifericorde de Dieu, d'entrer foy-mefme dans le Ciel, que d'en auoir les clefs pour y faire entrer les autres; le premier n'appartenant qu'aux grands Saints, & n'ayant efté accordé depuis faint Paul à perfonne; au lieu que le fecond peut eftre communiqué aux pecheurs, comme c'eft vne faueur plus particuliere parmy les hommes d'eftre receu dans le cabinet du Roy, & dans la communication de fes fecrets, que d'en eftre l'huiffier, & d'en auoir la clef pour introduire ceux qui y doiuent entrer. De forte que tant s'en faut que faint Cyrille ait efleué faint Pierre en cét endroit en luy donnant les clefs du Ciel, & qu'il ait rabaiffé faint Paul en parlant de fon rauiffement au troisiéme Ciel, qu'il a voulu dire au contraire que s'il ne faut pas trouuer estrange que saint Pierre qui auoit les clefs du Ciel pour l'ouurir & le fermer aux hommes, en ait pû chasser Simon le Magicien; saint Paul a pû à plus forte raison produire ce mesme effet, puis qu'il n'auoit pas simplement receu les clefs du Ciel, comme saint Pierre; mais qu'il y estoit encore entré luy-mesme, & auoit eu la connoissance & la veuë des plus grands secrets de Dieu incommunicables au reste des hommes.

Ce qui monstre que ce lieu seroit plus propre pour donner à saint Paul l'aduantage sur saint Pierre, qu'à saint Pierre sur saint Paul, s'il n'estoit vray que saint Cyrille ne parle pas en cét endroit de la puissance Ecclesiastique & ordinaire, & de l'autorité que ces deux Apostres auoient sur la terre & dans l'Eglise, mais du credit qu'ils auoient dans le Ciel; & de la grace qu'ils auoient receuë pour y faire des miracles; & qu'il ne parle pas mesme tant de leur vertu & de leur grace en soy, que des marques & des preuues claires & visibles de cette grace, pour instruire les Cathecumenes, & leur rendre croyable la victoire extraordinaire qu'ils emporterent sur le premier heresiarque, en le chassant du Ciel, comme saint Michel Prince des Apostres en chassa le Prince des mauuais Anges des Magiciens & des Heretiques.

Il paroist par ce discours & par cette representation fidelle de la pensée de saint Cyrille, que nos aduersaires ne l'ont pas comprise, & qu'ils se sont beaucoup égarez en s'imaginant que ce Pere auoit mis saint Paul au dessous de saint Pierre, en donnant à saint Pierre les clefs du Ciel, & à saint Paul le rauissement iusques au troisiéme Ciel; au lieu qu'il y auroit plus d'apparence d'en colliger le contraire, s'il n'estoit vray comme i'ay dit, que ce raisonnement de saint Cyrille ne touche point proprement nostre sujet, ne parlant pas du pouuoir que saint Pierre &

ſaint Paul auoient ſur la terre, ny du rang qu'ils tenoient dans l'Egliſe, mais de celuy qu'ils auoient dans le Ciel par leur grace & par leur merite, pour en obtenir les plus grands miracles.

Autrement ſi de ce que ſaint Cyrille donne les clefs du Ciel à ſaint Pierre, & le rauiſſement iuſques au troiſiéme Ciel à ſaint Paul, il eſtoit permis d'inferer auec eux qu'il a voulu dire que ſaint Pierre ſeul a receu les clefs, & non ſaint Paul; comme S. Paul ſeul a eſté rauy au troiſiéme Ciel, & non ſaint Pierre; il s'enſuiuroit que ſaint Cyrille, ou les autres Peres qui donnent ces meſmes clefs à ſaint Paul auroient eſté dans l'erreur, puis qu'ils auroient eſté dans la contradiction manifeſte ſur vn point de cette importance. Ce qui faudroit aduoüer encore dauantage s'il eſtoit permis de conclure que ſaint Paul n'a point eſté *Prince* ou *premier Chef des Apoſtres*, de ce que ſaint Cyrille de Ieruſalem ne l'a point honnoré clairement de ces titres dont neantmoins il eſt honnoré ſi ſouuent & en tant de ſortes par les Papes & les autres Peres. Mais il n'y a ſi petit eſcholier qui ne ſçache que l'vne des manieres de raiſonner les plus foibles & des plus baſſes, eſt celle qui n'eſt fondée, que ſur vne autorité negatiue, & encore ſur l'autorité negatiue d'vn ſeul Auteur, pour conclure qu'vne choſe qui n'eſt pas parce qu'elle ne ſe trouue pas dans cét Auteur; eſtant trop clair qu'il n'eſt pas neceſſaire que toutes choſes ayent eſté dites par tous les Auteurs, & ſur tout par ceux dont les ouurages ſont auſſi petits que ceux de ſaint Cyrille de Ieruſalem. Autrement il ſeroit loiſible de ſouſtenir que ce Saint n'a pas crû aucune des veritez qui ne ſe liſent point dans ſes eſcrits. Ce qui ſeroit faire beaucoup de tort à ces veritez, & encore plus à luy-meſme; puis que par ce moyen il auroit ruiné vne grande partie des myſteres du Chriſtianiſme, & ſe ſeroit rendu indigne de la qualité de Saint que les Chreſtiens luy dõnent.

Mais

Mais quoy qu'il soit certain qu'il ne se void rien de quantité de veritez importantes de la Religion dans les Liures de ce Pere, celle dont nous parlons maintenant a cét aduantage, que s'il n'a pas escrit à la Lettre que saint Paul estoit le *Prince* & le *premier Chef des Apostres*, & qu'il a receu *la puissance des clefs*, comme saint Pierre; il l'a témoigné toutes fois assez clairement, lors qu'il les a appellez tous deux sans aucune difference *Chefs de l'Eglise* absolument, c'est à dire de l'Eglise vniuerselle du siege Apostolique; & qu'il leur a communiqué à tous deux la gloire d'auoir combattu & surmonté Simon le Magicien; qui est l'vn des priuileges du Chef de l'Eglise, par lequel le Cardinal Bellarmin prouue la primauté de saint Pierre sur les Apostres & sur tous les Fidelles; parce qu'il n'appartenoit qu'au Chef de l'Eglise de vaincre le Chef & *l'auteur de toutes les heresies*, comme saint Cyrille mesme le nomme auec les autres Peres; & de ruiner ainsi toutes les erreurs & tous les Schismes dans leur source. De sorte que saint Cyrille ayant accordé à saint Paul cette dignité éminente en luy en donnant & le titre & la fonction, il luy a accordé par consequent tous les autres titres, & tous les priuileges & les aduantages qui sont enfermez dans cette dignité suprême; estant impossible d'estre Chef de l'Eglise, sans estre Chef & Prince des Apostres, & sans auoir la puissance des clefs pour lier & délier generalement tous les hommes.

Bellarm. lib. 1. de Rom. Pont. c. 23.

S. Cyrill. ibid.

Et ce Pere n'a pas seulement estably en cette maniere l'égalité de saint Pierre & de saint Paul, mais il a reconneu tout ensemble leur égalité & leur vnité en les ioignant d'vne façon toute particuliere, & les appellant *couple de Saints*, qui est vn terme dont les Peres se seruent pour exprimer non seulement l'égalité de ces deux Apostres dans vne mesme charge Ecclesiastique, qui est comparée à vn joug & à vne seruitude par les Peres, comme estant la princi-

Τῶν ἀγαθῶν ξυνωρίς.

Idem. ibid.

Ἡ τρισμακαρία τούτων καὶ θεία ξυνωρίς.

Theodoret ep. 113. ad S. Leonem. pale partie du joug de Iesus-Christ; mais aussi leur vnion & leur intelligence dans les fonctions de cette charge, comme les bœufs qui sont l'image des Ministres de l'Eglise selon saint Paul, estant ioints 1. Cor. 9. sous vn mesme joug, ne sçauroient bien tirer, ny trauailler vtilement, s'ils ne sont pareils, & s'ils ne s'accordent ensemble, en sorte qu'ils agissent comme s'ils n'estoient qu'vn seul.

Ie sçay bien que ie ne merite grande loüange en ne faisant que rapporter ces choses; qui se trouuent presque toutes en effet dans le Liure de la Grandeur de l'Eglise Romaine, où on void plusieurs autres considerations de tres-grande importance sur ce lieu de saint Cyrille. Mais n'ayant dessein que d'honnorer la verité sans pretendre rien pour moy-mesme, ie me contenteray de l'auoir quelque peu esclaircie en renuersant les fausses Remarques, dont on a tasché de la ternir, & en remettant deuant les yeux à nos aduersaires, ce qu'ils ne veulent pas voir, & ce qu'ils devroient toute-fois auoir consideré, pour s'empescher de s'engager dans vne entreprise qui ne leur sçauroit acquerir beaucoup de merite deuant Dieu, ny beaucoup d'honneur deuant les hommes.

REMARQVE V.

Que saint Augustin a reconneu la primauté de saint Paul sur les Apostres dans plusieurs passages qu'on dissimule, & dans celuy-là mesme qu'on s'efforce d'obscurcir par des subtilitez vaines, & par des accusations fausses.

IE ne sçay par quelles regles & par quelles loix inconnuës ces Docteurs se peuuent imaginer, qu'il leur soit permis de ne faire autre chose que de chercher des nuages pour couurir la lumiere qu'ils ne peuuent ſouffrir, & de ſupprimer tant de textes clairs & indubitables où la principauté des Apoſtres & de toute l'Egliſe eſt donnée à ſaint Paul, dont le Liure de la Grandeur de l'Egliſe Romaine eſt remply, & particulierement ceux de ſaint Auguſtin, qui confirment puiſſamment la meſme choſe, pour s'arreſter à vn ſeul qui né leur paroiſt pas ſi aſſeuré que les autres. S'ils cherchoient la verité, ils ſe contenteroient de la voir eſtablie par tant d'autoritez, dont on ne ſçauroit ſe défaire, quand meſme il s'en rencontreroit quelqu'vne qui ne ſeroit pas ſi preſſante, puis que l'obſcurité ou la foibleſſe d'vne ſeule ne pourroit pas deſtruire la clarté & la force de tous les autres; & ils ſe ſouſmettroient humblement à ce que ſaint Auguſtin leur enſeigne en tant de lieux, que ſaint Paul eſt *le principal des membres du corps de Ieſus-Chriſt*; Qu'il *n'eſt pas moindre que ſaint Pierre*; Qu'ils ont eſté tous deux *eſleuez à vn meſme honneur*; Qu'ils ſont les deux *Fondateurs du nom Chreſtien*, c'eſt à dire de toute l'Egliſe; & les *deux tres-puiſſants Chefs & Generaux de l'armée de Ieſus-Chriſt*, comme ſurpaſſans en dignité & en autorité tous les autres Chefs, qui ſont les Apoſtres & les Eueſques. Ils ſe contenteroient diſ-je, de toutes ces leçons de ſaint Auguſtin, ſi expreſſes & ſi illuſtres, qu'on leur a propoſées, s'ils n'auoient autre but que la verité; & ils ne s'arreſteroient pas comme ils font à vn paſſage vnique, qui leur ſemble plus propre pour conteſter, quoy qu'en effet il ne ſoit pas moins éuident que les autres, & qu'il ne puiſſe ſeruir qu'à conuaincre leur peu de ſincerité & d'intelligence, en eſclairciſſant de plus en plus la verité.

Voyez dans le Liure de la Grandeur de l'Egliſe Romaine. l. 3. ch. 18.

Ils diſent qu'on ne deuoit pas eſcrire que ſaint Auguſtin a donné à S. Paul la principauté de l'Apoſtolat, & l'a fait Prince des Apoſtres, comme ſaint Pierre, parce qu'on allegue pour le prouuer vn paſſage qui ne porte ſinon que *in ipſo quoque Euangelio vbi &*

tanti Apostolatus meruit principatum; & *qu'on en retranche tousiours ce mot, in ipso Euangelio, qui monstre qu'il veut dire seulement qu'il a merité la principauté d'un si grand Apostolat en la predication de l'Euangile, parce que comme le mesme Docteur dit ailleurs, il a plus escrit d'Epistres & plus trauaillé que les autres.*

Mais premierement cette accusation contient autant de faussetez qu'elle accuse de fois l'Auteur du Liure d'auoir tousiours retranché les mots, *in Euangelio*, dans les citations de ce lieu de saint Augustin: Car dans tous les endroits qu'on marque, ce passage
Pag. 311. & 683. est si bien cité en ces mesmes termes, *Paulus in Euangelio tanti Apostolatus meruit principatum*; qu'il faut auoir ou fort mauuaise veuë pour ne le pas voir, ou fort mauuaise conscience pour le dissimuler.

Secondement ces mots, *in Euangelio* ne seruent de rien aux Auteurs des Remarques, & ils seruent contre eux à celuy qu'ils reprennent si iniustement. Ce qui monstre que quand il les auroit retranchez, il n'y auroit aucun lieu de l'en accuser, comme s'il l'auoit fait pour fauoriser sa cause. Car il est tres-esloigné de la raison, & de la pensée de saint Augustin, qu'il ait voulu marquer la predication de l'Euangile par ce mot, *Euangelium*, dans le lieu dont nous parlons. Autrement lors que le Fils de Dieu dit aux Apostres, *Prædicate Euangelium*, il faudroit traduire selon cette nouuelle Grammaaire, *Preschez la predication de l'Euangile*; & lors qu'il a promis la vie eternelle à ceux qui quitteroient leurs maisons, ou leurs freres, ou leurs sœurs; ou leurs peres, ou leurs meres, ou leurs enfans, ou leurs terres *pour luy, & pour*
Marc. 10. *l'Euangile*, il n'auroit promis cette recompense qu'à ceux qui quiteroiẽt ces choses pour prescher l'Euangile, & non aux autres. Il paroist donc que ce mot signifie dans l'Escriture la verité Euangelique, & la vie & l'estat conforme à cette verité. Et c'est en ce sens que S. Augustin le prend au lieu dõt il s'agit. Car

voulant prouuer que de ce que saint Luc a escrit, que Zacharie & Elizabeth *marcherent dans toutes les iustifications du Seigneur sans reproche*, il ne s'ensuiuroit pas qu'ils fussent exempts de tout peché; il soustient que saint Paul mesme n'estoit point iuste iusques à vn tel point de perfection, non seulement lors qu'il n'estoit encore que dans la iustice de la Loy, laquelle il a si fort méprisée & condamnée, comme sa propre iustice, & non comme celle de Dieu; mais aussi depuis qu'il a esté dans l'Eglise & dans l'estat mesme de l'Euangile & de la loy nouuelle, où il a esté esleué à la principauté de l'Apostolat, voicy ces propres termes: *Tant s'en faut que ces paroles* (de saint Luc) *nous obligent de croire que Zacharie & Elizabeth ont eu vne iustice parfaitte & sans aucun peché, que nous ne croyons pas que l'Apostre mesme ait esté parfait en vn si haut degré, non seulement lors qu'il estoit comme eux, dans la iustice de la Loy, laquelle il ne considere que comme vn desauantage & comme de l'ordure en comparaison de la iustice tres-éminente qui procede de la foy de Iesus-Christ; mais aussi dans l'estat mesme de l'Euangile, où il a encore merité la principauté d'vn si grand Apostolat.* Il est clair par ce discours que saint Augustin oppose la iustice de la Loy, & l'estat de la Loy & du Iudaïsme, à l'estat de l'Euangile & de la Loy nouuelle, pour signifier que saint Paul n'estoit pas entierement & souuerainement parfait, non seulement lors qu'il estoit encore Iuif, mais non pas mesme lors qu'il a esté Chrestien, quoy qu'il n'ait pas esté simplement dans l'estat du Christianisme, comme le reste des fidelles, mais qu'il ait encor esté esleué à la Principauté d'vn si grand Apostolat par dessus le commun des fidelles & des Apostres mesmes, qui n'ont pas eu vne si haute principauté & vn estat si esleué que le sien; lequel presupposoit indubitablement vne grace & vne perfection proportionnée à vne si excellente dignité. D'où il conclut que cette grace si parfaite n'ayant

Luc. 1.

Tantum ergo longè est vt propter illa verba (Lucæ) Zachariam & Elizabeth sine vllo peccato credamus profectam habuisse iustitiã, vt nec ipsum Apostolorũ eiusdem regulæ summitate arbitremur fuisse perfectum, non solum in illa legis iustitia, quã similem istis habuit, quam inter damna & stercora deputauit in comparatione eminentissimæ iustitiæ, quæ in fide Christi est. Verum etiam in ipso quoque Euãgelio, vbi & tanti Apostolatus meruit principatum. *S. August. lib. 2. de pec. mer. c. 13.*

point exempté saint Paul de tout peché, il s'ensuit qu'il n'y a eu aucun Saint si iuste & si accomply, qui soit paruenu en ce monde à vne perfection que saint Paul n'a pas euë. Il est donc éuident par toute la suitte du discours de saint Augustin, que comme par, *iustitia legis*, il entend l'estat du Iudaïsme; ainsi par, *Euangelium*, il entend l'estat de l'Euangile & du Christianisme, voulant dire que saint Paul n'a point esté absolument parfait ny dans l'estat de la Synagogue, ny depuis dans celuy de l'Eglise & de la loy nouuelle; quoy qu'il ait receu dans l'Eglise non seulement l'Apostolat comme les autres Apostres, mais aussi la principauté éminente d'vn grand Apostolat, n'ayant pas esté simplement Apostre, mais *Prince des Apostres*, & *Apostre suprême*, comme les Peres l'appellent, *& le principal des membres de Iesus-Christ*, selon saint Augustin mesme. Aussi ce Pere entend tousiours *la primauté de l'Eglise par la principauté de l'Apostolat*, se seruant indifferemment de ces deux termes pour marquer la primauté de saint Pierre, comme il a esté prouué dans le Liure de la Grandeur de l'Eglise Romaine : Et ainsi attribuant à saint Paul la principauté de l'Apostolat; il luy attribuë la mesme principauté de saint Pierre.

Aug. in Psalm. 87.

De la Grandeur de l'Eglise Romaine, liu. 3. ch. 18. p. 318.

Cette explication est d'elle-mesme si manifeste & si asseurée, qu'elle n'a pas besoin d'autre esclaircissement. Mais elle paroistra encore plus conforme à la verité & au sens de saint Augustin, si on la compare auec celle des Auteurs de cette Remarque. Ils prouuent que saint Augustin par la *principauté de ce grand Apostolat* qu'il attribuë à saint Paul, n'a entendu *que la predication de l'Euangile, parce que comme le mesme Docteur dit ailleurs, il a plus escrit d'Epistres; & plus trauaillé que les autres.* Mais s'ils ont eu dessein d'alleguer ces paroles pour monstrer ce que signifie dans saint Augustin *la principauté de l'Apostolat*, dont il s'agit; ils se trompent, & corrompent les paroles de ce

Pag. 8.

Saint. Car lors que saint Augustin dit que saint Paul a escrit plus d'Epistres, & a trauaillé plus que les autres, il ne parle point en tout de la Principauté de l'Apostolat; mais seulement de ce mot, *Apostre*, rendant raison de ce qu'il est approprié à saint Paul, & que lors *qu'on nomme simplement l'Apostre*, *sans exprimer quel Apostre on n'entend que saint Paul; parce*, dit-il, *qu'il est plus connû, à cause qu'il a escrit plus d'Epistres, & qu'il a trauaillé plus que les autres*. De sorte qu'on a abusé inutilement de ce lieu pour surprendre la simplicité des Lecteurs par vne equiuoque contraire à la simplicité Chrestienne, & à la candeur de ceux qui font profession de Theologie.

Apostolus cum dicitur, si non exprimatur quis Apostolus, non intelligitur nisi Paulus, quia pluribus est Epistolis notior, & plus omnibus illis laborauit. *Aug. l. 3. ad Bonif. c. 3.*

D'où on peut voir encore auec combien peu de raison on veut faire dire à S. Augustin que saint Pierre a eu *la grace excellente de la primauté*, non seulement à l'égard des autres, mais aussi *à l'égard de saint Paul*, parce qu'apres auoir consideré cette grace de la primauté des Apostres, qui estoit dans saint Pierre, il le compare auec saint Paul, comme auec *vn Pasteur posterieur*. Car il a esté prouué si amplement & si solidement par quantité de lieux des Peres & de l'Escriture, & particulierement de saint Augustin, que ce terme de *Pasteur posterieur* appliqué à saint Paul en comparaison de saint Pierre, ne signifie qu'vn *Pasteur plus ieune*, & posterieur de promotion & d'aage, qu'il est fort estrange qu'on se mette en peine de reprendre ce qu'on tesmoigne continuellement par tant de silences forcez qu'on est contraint de reconnoistre dans son ame non seulement pour vray, mais aussi pour éuident & inuincible. Aussi saint Augustin ayant donné à saint Paul *la principauté de l'Apostolat*, & d'vn *grand Apostolat*, qui est la mesme chose que la *primauté* dans son style, comme il a esté monstré par ses paroles, puis qu'il exprime la dignité de saint Pierre tantost par l'vn de ces termes, & tantost par l'autre; & ayant declaré que saint Paul

In quo primatus Apostolorum tam excellenti gratia præeminet. *Id. lib. 2. De Bapt. c. 1.*

A posteriore Apostolo Paulo esse correctum. *Ibid.*

De la Grandeur de l'Eglise Romaine, liu. 4. ch 11. pag. 702. 703. 704. *&c.*

Voyez liu. 3. ch. 18. Ibid.

est *le principal membre du Corps de Iesus-Christ*, qui est l'Eglise; & qu'il *n'est pas moindre que saint Pierre*; c'est traitter ce grand Saint auec trop peu de respect que de le combattre par luy mesme, en luy faisant destruire par vne parole dont on abuse contre son sens, ce qu'il a estably si euidemment en tant de lieux.

Que s'il a accordé à saint Paul la principauté de l'Apostolat, ou la primauté, comme il est clair qu'il a fait; on ne sçauroit douter qu'il ne luy ait aussi accordé *la grace excellente de la primauté* aussi bien qu'à saint Pierre; puis que l'vn n'estoit point separé de l'autre dans les Apostres; & qu'il auoit appris de saint Ambroise son Maistre, que si saint Pierre estoit le premier, saint Paul ne luy estoit point inégal en cette grace, ny en aucune autre. *Primus Petrus Apostolus, nec Paulus impar gratia.* Et la grace par laquelle saint Pierre a merité la primauté des Apostres estant selon les Peres la foy & la confession qu'il fit de la diuinité de Iesus-Christ. Saint Ambroise tesmoigne que S. Paul l'a encore égalé particulierement dans cette foy excellente, adioustant en suitte; *Electionis [illegible] sacræ Petri adæquauit fidem.* Ce qui est cõfirmé par le consentement des Peres, saint Hilaire d'Arles escriuant que saint Paul *est égal en toutes choses aux vertus de saint Pierre*; & saint Maxime, que comme ils surpassent tous les autres Apostres, *ils sont égaux entr'eux en merite.* Et pour monstrer que l'égalité de leurs merites a produit l'égalité de la recompense, qui est la primauté vniuerselle sur toute l'Eglise, il dit, *qu'en consideration de la plenitude de leur iustice le Sauueur du monde les a establis Peres & Iuges de tout le genre humain*, pour faire voir que la plenitude de leur iustice a esté recompensée de la plenitude de la puissance, par laquelle ils president à toute l'Eglise, comme Peres & Iuges de tout les hommes, & comme *Princes de toutes les Eglises*, ainsi qu'il les nomme ailleurs. Aussi saint Leon le Grand reconnoissant en eux cette mesme excel-

S. Ambr. in carm. de SS. Pet. & Paulo.

Paulus æqualis per omnia virtutibus Petro. *Hilar. Arelat. in natal. Ap. Pet. & Pauli.*

Puto illos æquales esse meritis *S. Maxim. hom. 5. de iisdem.*

Quos pro iustitiæ pietatisque plenitudine Saluator mundi humano generi & Patres esse dedit & iudices. *Idem hom. 4. de iisdem.*

cellence de grace iointe à l'excellence de cette mesme recompense, declare *que la Grace de Dieu les a esleus au plus éminent degré de grandeur par dessus tous les membres de l'Eglise.* C'est pourquoy il establit pour regle generale, *Que nous ne deuons mettre aucune difference, ny aucune distinction entre leurs merites, ny entre leurs vertus, parce que leur eslection les a rendus pareils, leurs trauaux semblables, & leur mort égaux.*

Qui tanquam Ecclesiarum omnium principes facti dispensatione cælesti Romã petentes. *S. Maxim. hom 1. de iisdem.* Quos gratia Dei in tantum apicem inter omnia Ecclesiæ membra prouexit. *S. Leo serm 1. de iisdem.* De quorum meritis atque virtutibus nihil diuersum, nihil debemus sentire discretum, quia illos & electio pares, & labor similes, & finis fecit æquales. *Idem Ibid.*

Qu'on n'entreprenne donc plus de renuerser cette regle inuiolable par vne parole de saint Augustin prise à contre-sens, & qu'on n'ait plus la hardiesse de faire parler ce grand Docteur contre le consentement des Peres, & contre luy-mesme. Car ayant dessein de representer la grandeur de l'humilité de saint Pierre, en ce qu'il souffrit d'estre corrigé par saint Paul, il ne deuoit pas faire mention des choses dans lesquelles ils estoient égaux, puis que ce n'est pas vne si grande humilité de se laisser corriger par vn égal; mais plutost de celles dans lesquelles ils estoient inégaux, l'excellence de l'humilité consistant à endurer la correction de ceux sur lesquels nous auons quelque aduantage. C'est pourquoy ayant releué la grandeur de saint Pierre en luy attribuant la primauté des Apostres, auec vne grace éminente qui luy estoit proportionnée; il ne dit pas que cette primauté & cette grace luy estoit commune auec saint Paul, parce que ce n'estoit pas dequoy il s'agissoit alors, mais plutost de sçauoir en quoy saint Paul luy estoit inferieur, pour faire paroistre la perfection de l'humilité de saint Pierre. Ce qu'il fait en appellant saint Paul *Pasteur posterieur*, c'est à dire *plus ieune*, & éleu apres luy. D'où on peut colliger éuidemment le contraire de ce que les Auteurs des Remarques pretendent. Car si saint

Lib 2 de Bapt cap. 1. &c.

Augustin eust crû que saint Pierre auoit sur saint Paul le mesme aduantage de la primauté, & de la grace de la primauté, qu'il auoit sur les autres Apostres, il ne se fust pas contenté d'appeller simplement saint Paul *Pasteur plus ieune* à l'égard de saint Pierre, mais il l'eust appellé son inferieur & son sujet; & eust declaré qu'il n'auoit point de part à la grace de la primauté qui auoit esté donnée à saint Pierre; & que saint Pierre estoit son Chef & son Prince, comme il estoit des autres Apostres. Car cela eust extrémement seruy pour releuer l'humilité de saint Pierre dans la correction qu'il receut de saint Paul, selon le dessein de saint Augustin en ce lieu. Mais n'ayant rien dit de tout cela, & s'estant contenté de dire que saint Paul estoit le plus ieune, & le dernier venu à l'égard de saint Pierre; il a tesmoigné qu'il n'a pas crû qu'il luy peust estre preferé en aucune autre chose. Aussi les Peres leur attribuënt en termes formels *la mesme primauté, & la grace de la mesme primauté*, sans qu'il reste aucun moyen à nos aduersaires de se mettre à couuert du blasme qu'ils meritent de ne receuoir pas leur doctrine, auec le respect & la soumission qui leur est deuë, & de ne se contenter pas de fermer les yeux lors qu'on la leur represente, mais de faire encore tant d'efforts inutiles pour la renuerser.

Petri & Pauli vnicus primatus. *Card. Cusan. ep. 2. ad Bohem. & Card. S Georg. lib. de Iubil. cap. 12. Claudius Episc. Taurin. in ep. ad Gal. cap. 2.* Paulus gratiam primatus sibi vindicat. *Comment. Ambros. in c. 2. ad Gal.*

REMARQVE VI.

Que saint Ambroise n'égale point saint Barnabé à saint Paul ; mais dit de saint Paul seul, qu'il n'estoit pas inferieur à saint Pierre, & qu'il luy estoit égal.

Contradictions & faussetez des Remarques sur ce sujet.

IL ne se peut rien adiouster à la force & à l'euidence de ces paroles de saint Ambroise dans l'vn de ses principaux Ouurages : *Saint Paul n'estoit point inferieur à saint Pierre, puis que comme saint Pierre est le fondement de l'Eglise, saint Paul est le sage Architecte qui sçait establir vn fondement solide pour soustenir les pas & la foy des peuples. Saint Paul, dis-je, n'est point indigne d'entrer dans le college des Apostres, puis qu'il est comparable mesme au premier, & qu'il ne cede le premier rang à aucun d'eux. Car ne se reconnoissant point inégal il fait voir qu'il est égal.* Neantmoins comme rien n'est impossible aux Auteurs des Remarques, ils veulent trouuer des tenebres au milieu d'vne lumiere si esclatante, qui monstre assez sa force en les esbloüissant d'vne telle maniere, qu'ils ne semblent pas auoir seulement leu le lieu dont ils parlent.

Nec Paulus inferior Petro: quamuis ille Ecclesiæ fundamentum, & hic sapiens architectus sciens vestigia credentium fundare populorum. Nec Paulus, inquam, indignus Apostolorũ collegio, cum primo quoque facile conferendus, & nulli secundus. Nam qui se imparem nescit facit æqualem. *S. Ambros. lib. 2. de Spir. sanct. c. 12.*

Ils osent asseurer que S. Ambroise *dit seulement que qui ne se reconnoist point inégal se fait égal, qui se imparem nescit, facit æqualem* ; comme si le passage de saint Ambroise que nous venons de representer comme il a esté produit dans le Liure de la Grandeur de l'Eglise Romaine, ne contenoit que ces seules paroles. Et là dessus ils déployent leur eloquence pour persuader qu'on a corrompu ce passage.

Pag. 285.

Apres cela ils se pleignent qu'on n'a pas produit le texte de saint Ambroise tout entier, & *que si on n'auoit point supprimé les mots precedens, on auroit veu claire-*

ment que saint Ambroise ne les compare (saint Pierre & saint Paul) qu'en cette grace de l'Apostolat, & qu'il parle de saint Barnabé comme de saint Paul, les égallant en ce point. Ce qui est si éuidemment faux, qu'il ne faut que sçauoir lire pour le voir ; ne se trouuant point que saint Ambroise dise en ce lieu, ny en aucun autre, de saint Barnabé, ce qu'il dit si aduantageusement de saint Paul seul : *Saint Paul n'est point inferieur à saint Pierre. Il est comparable mesme au premier Apostre : & ne cede point le premier rang à aucun, car ne se reconnoissant point inégal, il fait voir qu'il est égal.* Ces paroles si claires & si glorieuses estant escrites ouuertement de saint Paul, & non de saint Barnabé, auec quelle conscience peut-on soustenir qu'en ce lieu saint Ambroise *parle de saint Barnabé comme de saint Paul, les égallant en ce point* ? Qui a iamais oüy dire que saint Barnabé ne fust point inferieur à saint Pierre ; qu'il fust comparable mesme au premier des Apostres ; qu'il ne cedast le premier rang à aucun d'eux ; qu'il ne se soit point reconnû inégal, & qu'ainsi il ait fait voir qu'il estoit égal. Qui ne iuge d'abord que ces paroles sont fausses de tout autre que de saint Paul, puisque c'est luy seul qui a declaré qu'il *ne croyoit pas estre inferieur en aucune chose*
2.Cor.11.v.15. *aux plus grands Apostres* ; comme porte le texte Grec, qui est suiuy par les Peres, mesme Latins, & par saint Ambroise faisant allusion à ces paroles de la seconde Epistre aux Corinthiens.

Il n'est donc pas besoin d'autre discours pour destruire tout ce que les Auteurs des Remarques alleguent touchant ce lieu de saint Ambroise, puis que toute leur Remarque est fondée sur cette fausseté si visible, Que saint Ambroise ne donne aucun aduantage à saint Paul qu'il ne donne aussi à saint Barnabé, les égallant simplement aux autres Apostres dans la
Pag. 10. vocation à l'Apostolat ; & qu'ainsi *on ne peut inferer de là que saint Paul ait esté égal à saint Pierre dans la primauté des Apostres & de toute l'Eglise, qu'on ne l'infere pareille-*

ment de saint Barnabé. Si ces Docteurs se fussent pour le moins souuenus de ce qu'ils ont dit dans la premiere Remarque, que saint Paul estoit *le premier des derniers & des supernumeraires*, c'est à dire de ceux qui ont esté esleuz depuis l'Ascension de Iesus-Christ, comme saint Barnabé, cela les eust pû empescher de commettre vne si grande faute, non seulement contre S. Ambroise, mais contre eux-mesmes, en esgallant maintenant saint Barnabé à saint Paul. Mais la seconde erreur est la peine de la premiere; & l'abus qu'ils ont fait des paroles de saint Chrysostome, a merité que Dieu permist qu'ils en fissent vn pareil de celles de saint Ambroise, & qu'ils combatissent ainsi leurs propres imaginations, pour tesmoigner que l'esprit de verité ne conduit pas leur plume & leurs pensées.

Il s'ensuit de là que le reproche qu'ils font au Liure de la Grandeur de l'Eglise Romaine, de n'auoir pas produit tout entier le texte de saint Ambroise, & d'auoir *supprimé les mots precedens* qui parlent de saint Barnabé, est tres-iniuste, n'estant fondé que sur cette fausse pretention, que saint Ambroise *parle de saint Barnabé, comme de saint Paul, les esgallant en ce point.* Car cela n'estant pas, & saint Ambroise parlant de saint Paul d'vne façon si esleuée, qui ne peut appartenir à saint Barnabé, on a eu grande raison de ne citer que les paroles qui regardent simplement saint Paul, duquel seul il s'agissoit, & qui marquent si expressement son égalité auec saint Pierre, sans se mettre en peine de produire inutilement celles qui font mention de saint Barnabé; veu sur tout qu'elles ne luy donnent rien qui approche de l'éminence que saint Ambroise reconnoist dans saint Paul: quoy que pour le persuader dauantage, les Auteurs de cette Remarque ayent adiousté en lettre Italique le mot de saint Barnabé dans leur Traduction, faisant parler ainsi saint Ambroise : *Donc saint Barnabé choisy par l'or-*

dre du saint Esprit, &c. Ce qui ne se trouue pas dans le texte, lequel a vn autre sens, comme il paroist assez par la suitte.

On void encore par mesme moyen la fausseté de ce qu'ils adioustent, que saint Ambroise n'égalle saint Paul aux autres Apostres, *qu'en ce qu'ils sont choisis par vn mesme Dieu a vn mesme ministere; & qu'il dit pour vne mesme chose, n'estre point inferieur à saint Pierre, & n'estre point indigne d'entrer dans le college des Apostres.* Car saint Ambroise n'égale pas simplement S. Paul aux autres Apostres, mais particulierement au premier des Apostres, en disant *qu'il n'estoit pas inferieur à saint Pierre, qu'il ne luy cedoit pas le premier rang, & qu'il luy estoit égal.* Que s'il n'eust eu dessein de l'égaler qu'au commun des Apostres, en ce qu'ils auoient esté tous appellez par vn mesme Dieu & à vn mesme ministere en general; il ne l'eust pas cõparé tant de fois, ny si fortement à S. Pierre comme il ne luy a point comparé saint Barnabé; tesmoignant par là combien saint Barnabé estoit different de saint Paul dans la grandeur speciale de sa vocation & de son ministere tout semblable à celuy de saint Pierre. De sorte que tant s'en faut que la maniere dont saint Ambroise parle de saint Barnabé nuise à saint Paul, & puisse seruir pour le r'abaisser, qu'elle sert au contraire pour le releuer au dessus de S. Barnabé & de tous les autres Apostres. Et ce qu'on pretend que saint Ambroise prend *pour vne mesme chose n'estre point inferieur à saint Pierre, & n'estre point indigne d'entrer dans le college des Apostres*, est clairement refuté par le texte de saint Ambroise, lequel apres auoir dit que saint Paul n'estoit pas indigne d'entrer dans le college des Apostres, *Nec Paulus inquam, indignus Apostolorum collegio;* il adiouste, qu'il estoit comparable mesme au premier, & ne cedoit le premier rang à aucun d'eux, parce que sçachant qu'il n'estoit point inégal, il a fait voir qu'il estoit égal: *Cum primo quoque facile conferen-*

dus & nulli secundus. Nam qui se imparem nescit, facit æqualem. Ce qui eust esté ridicule, s'il n'eust voulu marquer par ces dernieres paroles que ce qu'il auoit dit par les premieres, puis qu'il fust tombé dans vne redite importune & inutile, & dans vne tautologie si contraire à la breueté & à la force de son style.

Il paroist donc par la suitte de son discours, qu'apres auoir dit que saint Paul *n'estoit pas indigne d'entrer dans le college des Apostres*, il ne se contente pas de cela; mais qu'il adiouste comme quelque chose de plus, en renforçant sa pensée par vne gradation excellente, qu'il estoit non seulement digne d'entrer dans le college des Apostres, mais aussi *comparable au premier de ce college*, & qu'il y auoit esté estably auec tel aduantage qu'il *ne cedoit le premier rang à aucun* des autres, & ne *leur estoit inégal en aucune chose*. Car le but de son discours estant de prouuer la diuinité du saint Esprit, & son égalité auec le Fils par la creation des Apostres; il employe pour cela l'exemple de saint Paul & de saint Barnabé, qui furent esleus visiblement par le saint Esprit dans les Actes des Apostres, comme Iesus-Christ auoit esleu visiblement les autres Apostres dans l'Euangile. Et pour tesmoigner que le saint Esprit n'auoit pas moins fait que Iesus-Christ dans cette eslection, il monstre que comme il auoit esleué saint Barnabé à la dignité de l'Apostolat commune à tous les Apostres; il auoit aussi esleué saint Paul au supréme degré de l'Apostolat, & à la mesme primauté que Iesus-Christ auoit donnée auparauant à saint Pierre; concluant par là excellemment que la diuinité & l'esgalité du saint Esprit auec le Fils, parroissoit dans l'establissement mesme de l'Apostolat, & dans la dispensation de la grace & de la dignité Apostolique, puisque sa puissance n'auoit pas moins paru dans ce genre, que celle du Fils de Dieu. Les Auteurs des Remarques ne prennent pas garde qu'ils ruinent cét excellent raisonnement de saint Ambroise. Car si le saint Esprit n'a donné à saint Paul qu'vne grace & vne dignité Apostolique, pareille à celle de saint Barnabé & des autres Apostres, & sans comparaison inferieure & plus basse que celle de saint Pierre; non seulement il ne s'ensuiura pas, selon le dessein de saint Ambroise, que la puissance du saint Esprit est esgale à celle du Fils dans cette eslection; mais il s'ensuiura plustost qu'elle luy est inesgale, puisque le Fils aura tousiours sur luy l'aduantage d'auoir fait le Chef de tous les Apostres, & le superieur & le maistre de ceux mesmes qui ont esté choisis & esleuez par le saint Esprit, comme saint Paul & saint Barnabé.

Enfin si l'autorité de saint Ambroise & le sens si euident de ses paroles n'a pas assez de force sur l'esprit de ces Messieurs, & qu'ils se deffient encor de ce que nous leur en disons, ils pourront considerer que le Cardinal de Cusa si celebre en son temps, si fauorable au saint Siege, & si ennemy du schisme, a pris il y a plus de deux cens ans comme nous, ce mesme passage de saint Ambroise, & a conclu par là que saint Pierre & saint Paul estoient tellement esgaux *que l'vn n'estoit pas soumis à l'autre, mais qu'ils estoient soumis tous deux immediatement à Iesus-Christ*; ainsi qu'il a esté marqué dans le liure de la Grandeur de l'Eglise Romaine, au lieu mesme où ils trouuent mauuais qu'on ait fait dire à saint Ambroise *que saint Paul a esté tellement egal à saint Pierre, qu'il ne luy a esté inesgal en aucune chose*, sous pretexte que saint Ambroise n'a pas vsé de *pareils termes*. Mais s'ils eussent esté aussi sinceres que celuy qu'ils reprennent, ils se fussent contentez qu'il ait cité en ce lieu là le passage de saint Ambroise tout du long, sans y changer rien du tout; & n'eussent pas trouué mauuais qu'apres cela il ait crû qu'il suffisoit d'exprimer fidellement le sens de la derniere partie sans s'attacher aux mots, comme font fort souuent les plus habiles interpretes, & les Saints

Nec in hoc alter alteri suberat, sed ambo sub Christo immediatè, vt ait Ambrosius. *Card. Cusan. ep. 2. ad Bohem.*

Saints Peres dans l'Escriture. Car saint Ambroise disant que saint Paul est tellement égal à saint Pierre, qu'il ne luy est point inferieur ny inégal; il declare ouuertement qu'il ne luy est point inferieur ny inégal en aucune chose; puis qu'autrement il seroit faux de dire absolument, comme il fait, qu'il ne luy estoit point inferieur ny inégal. Ce qui rend vn sens vniuersel & absolu, selon la regle mesme de l'Ecole, qui dit que la negation est d'vne nature maligne, & qu'elle oste tout. Et cela est d'autant plus vray en cét endroit, que saint Ambroise fait allusion à ces paroles du mesme Apostre; *Ie croy n'estre inferieur en aucune chose aux plus grands Apostres.* Ce que les Peres entendent de tous les Apostres sans excepter saint Pierre; auquel par consequent saint Paul a asseuré luy-mesme qu'il n'estoit inferieur en aucune chose. Et ainsi on a tres-fidellement rapporté le sens de saint Ambroise par les paroles de saint Paul, puisque les paroles de saint Paul auoient esté imitées par saint Ambroise.

Λογίζομαι μηδὲν ὑστερηκέναι τῶν ὑπερλίαν ἀποστόλων. 2. Cor. 11.

REMARQVE VII.

Que saint Gregoire de Nazianze fait saint Paul le premier apres Iesus-Christ; & que les consequences par lesquelles on se veut défaire de ce passage, sont sans apparence; & confirment mesme ce qu'on a dessein de destruire.

LE Liure qu'on attaque a produit vn passage de saint Gregoire de Nazianze où saint Paul est appellé *le premier apres Iesus-Christ.* Car parlant de la charité qu'il auoit pour les Iuifs, il dit ces paroles; *Il est prest de souffrir quelque chose pour eux, mesme comme vn impie, estant le premier apres Iesus Christ, pourueu qu'ils soient sauuez.* Mais les Auteurs des Re-

Τόγε μετριώτερον εἰπεῖν παθεῖν τι ὑπὲρ αὐτῶν ὡς ἀσεβὴς δέχεσθαι, πρῶτος ὑπὸ Χριστοῦ, μόνον εἰ οὗτοι σώζοιντο. S. Greg. Naz. orat. 1.

marques pour renuerser le sens de saint Gregoire de Nazianze, renuersent ses paroles, transferant au commencement ce qui est à la fin, & traduisant ainsi; *Il est le premier qui apres Iesus-Christ ne refuse point de souffrir quelque chose pour eux, &c.* Ce qui leur pourroit estre pardonné apres tant d'autres fautes & d'infidelitez qu'ils ont commises dans leurs Remarques, s'ils ne citoient eux mesmes six lignes apres dans cette Remarque pour appuyer leur pensée, vn texte de saint Augustin qui la ruine. Car ils produisent saint Augustin disant que saint Estienne a *le premier suiuy les traces de la Passion de Nostre Seigneur.* D'où il s'ensuit que saint Gregoire de Nazianze n'a pû dire veritablement comme ils pretendent, que c'est saint Paul qui a imité le premier la charité de Iesus-Christ souffrant pour les hommes; puisque saint Estienne l'a precedé en cela, & qu'ayant suiuy deuant luy les traces de la Passion de Iesus-Christ, il faut qu'il ait imité le premier la charité que Iesus-Christ a euë en mourant pour tout le monde comme vn impie. Et en effet saint Estienne est mort comme vn impie & comme vn blasphemateur, ennemy de Dieu & de la Loy, par le iugement des Iuifs en vne maniere toute pareille à celle de Iesus-Christ. Et il est encore mort comme luy pour ceux qui le faisoient mourir, & pour saint Paul mesme, qui estoit le principal de ses meurtriers. Ce qui luy a si bien reussi, & la vertu de son sang & de sa charité a esté si puissante, qu'il n'a pas seulement souhaitté de mourir en impie pour le salut des Iuifs, comme saint Paul, mais qu'il a obtenu effectiuement par cette mort le salut du plus furieux des Iuifs, qui estoit le mesme saint Paul, & dans le sien celuy de tant de Iuifs & de tant de Gentils qu'il a conuertis & qu'il a sauuez par ses trauaux. Quelle raison y a-t'il donc de prouuer que saint Gregoire de Nazianze ait voulu dire que saint Paul a esté le premier qui apres Iesus-Christ a vou-

Cuius passionis vestigia prior secutus Stephanus. *Aug. serm. 2. de S. Steph.*

lu ſouffrir quelque choſe pour les Iuifs comme vn impie, par vn témoignage qui iuſtifie le contraire, en faiſant voir qu'il a eſté preuenu par ſaint Eſtienne, lequel n'a pas ſimplement voulu ſouffrir, mais qui a ſouffert & eſt mort en effet en cette maniere pour ſaint Paul, ſelon la parole ſi celebre de ſaint Auguſtin, que l'Egliſe n'euſt iamais eu ſaint Paul ſans la charité extraordinaire auec laquelle ſaint Eſtienne pria Dieu pour luy, comme le Fils de Dieu pria ſur la Croix pour ceux qui le tuoient, en offrant à ſon Pere le ſang meſme qu'ils reſpandoient, & la mort qu'ils luy faiſoient endurer? Il n'y a donc point d'apparence de ſuiure les penſées ſi peu raiſonnables de ces Docteurs; & il vaut ſans doute mieux ſe tenir à celle de ſaint Gregoire de Nazianze, qui eſt de beaucoup plus excellente, & plus digne de celuy qui parle, & de celuy dont il parle. Car la ſuitte naturelle de ſes paroles monſtre qu'il a voulu marquer que ſaint Paul a imité parfaittemēt la charité de Ieſus-Chriſt non ſeulement en ce qu'il a eſté preſt de ſouffrir auec infamie pour les Iuifs, comme luy, mais auſſi en ce que comme Ieſus-Chriſt s'eſt humilié de la ſorte iuſques au dernier degré de rabaiſſement, encore qu'il fuſt le premier de tous ſelon ce qu'il dit dans l'Euangile; ainſi ſaint Paul l'a voulu ſuiure dans cette humiliation & dans ce rabaiſſement ſi extréme au deſſous de tous les hommes, encore qu'il fuſt le premier de tous les hommes apres Ieſus-Chriſt. Ce qui eſt conforme & à ce qu'il l'appelle peu auparauant *Predicateur des Gentils, & Chef des Iuifs*, comme il appelle ailleurs Moyſe *Chef d'Iſraël*; c'eſt à dire Chef des deux peuples qui enferment tout le monde, & par conſequent Chef & premier de tous les hommes; & à ce que ſaint Chryſoſtome le nomme abſolument *le premier de tous*; & encore plus à ce que Origene, lequel ſaint Gregoire de Nazianze eſtudioit particulierement, luy donne le titre du *plus grand*

Aug. ſerm. 1 de S. Steph. & 4. &c.

Κήρυξ ἐθνῶν, Ἰουδαίων προστάτης. *Idem orat. 1.*

Τοῦ Ἰσραὴλ προστάτης. *Idem orat. 6.*

Πρῶτος πάντων ἐγένετο. *Chryſoſt. hom. 3. in Mat.*

Paulus Apoſtolorum maximus. Origen. hom. 3. in Num.

Τὸν μετὰ τὸν Ἰησοῦν τὰς ἐν Χριστῷ πήξαντος ἐκκλησίας. Orig. lib. 1. cont. Cels.

des Apostres, & de *Fondateur des Eglises apres Iesus-Christ*, c'est à dire du plus grand & du plus illustre Fondateur apres luy, puis que c'est de luy seul que le Peres disent si souuent & si specialement, qu'il a fondé les Eglises de tout le monde. C'est ainsi qu'il faut entendre les Peres par les Peres mesmes, & non par nos propres fantaisies, comme font ceux dont nous parlons; aymant mieux se ietter dans toute sorte d'égaremens que de rencontrer la verité, qui se presente à eux toute enuironnée de lumiere dans le Liure qu'ils combattent. Car ils ne prennent pas garde qu'ils des-honorent encore tous les Apostres en faisant dire à saint Gregoire, que saint Paul est *le premier qui apres Iesus-Christ n'a point refusé de souffrir quelque chose pour les Iuifs comme vn impie:* puisque c'est declarer tous les Apostres, & saint Pierre mesme, dénuez de la charité Apostolique, qui doit approcher plus que toute autre de celle de Iesus-Christ; comme s'ils eussent tous esté capables de refuser de souffrir de la sorte pour les Iuifs, ou pour les autres hommes; & qu'ils n'eussent pas esté prests de passer pour impies, pourueu qu'ils les peussent sauuer. Ce qui seroit esleuer saint Paul non seulement par dessus le reste des Apostres, mais aussi par dessus saint Pierre, non simplement en science, comme ces Messieurs ont fait ailleurs, mais aussi en vertu & en charité, contre le consentement des Peres, qui declarent, comme il a esté dit si souuent, qu'en ce qui est de la vertu & des merites il n'y a aucune diuision, n'y aucune difference entre saint Pierre & saint Paul.

Ie ne m'amuseray pas apres cela à refuter ce raisonnement si rare de nos Docteurs, qui n'ont pas honte de conclure, que si on peut colliger des paroles de saint Gregoire de Nazianze que saint Paul est le premier Chef de l'Eglise, *l'on pourra dire pareillement que saint Iean en est le premier Chef, parce qu'il est dit dans l'Euangile, qu'il vint le premier au monument;*

pag. 11.

comme si l'Euangile disoit que saint Iean vint au monument le premier apres Iesus-Christ, ainsi que saint Gregoire de Nazianze dit que saint Paul a voulu souffrir pour les Iuifs comme vn impie, *estant le premier apres Iesus-Christ.*

REMARQVE VIII.

Que saint Pierre Chrysologue a vny saint Paul à saint Pierre dans la charge de paistre tous les agneaux de Iesus-Christ, qui est selon les Catholiques celle de Pasteur vniuersel de l'Eglise; & que ces Auteurs employent encore en vain leurs faussetez pour affoiblir cette verité.

IL a esté cité vn passage de saint Pierre Chrysologue Archeuesque de Rauenne, où parlant de saint Pierre & de saint Paul, & de ce que Iesus-Christ dit à saint Pierre, *Paissez mes agneaux*, pour luy commettre la charge de Pasteur vniuersel de toute l'Eglise, il tesmoigne que S. Paul a esté associé à S. Pierre dans cette mesme charge, escriuant que *S. Paul qui estoit le collegue de saint Pierre dans la charge de Pasteur, paissant ces mesmes agneaux, leur presentoit ses mammelles pleines de lait en leur disant: Ie vous ay donné du lait, & non de la viande solide.* A cela ces Critiques repliquent, que *selon les Auteurs mesmes* qu'ils combattent, *Iesus-Christ en nommant deux fois ses agneaux, a voulu signifier les deux Peuples, celuy des Iuifs & celuy des Payens. Et en nommant vne fois ses brebis, il a marqué les Euesques qui sont les meres des agneaux. Et qu'ainsi il est clair que ce Saint dit seulement que saint Paul presentoit ses mammelles aux Gentils designez par ses derniers agneaux.* Mais dequoy peuuent seruir tant de faussetez continuelles que pour deshonnorer ceux qui les aduancent? Il ne se trouuera point que l'endroit qu'ils marquent du Liure de la Grandeur de l'Eglise Romaine donne sujet de croire que l'Auteur ait entendu les deux peuples par les agneaux, & les Euesques par les brebis qu'il a commis à saint Pierre. Au contraire il tesmoigne clairement que cette explication, qui est de quelques controuersistes de ces derniers temps, ne luy plaist point, comme estant sujette à beaucoup de difficultez, parce qu'elle ne paroist pas assez dans les paroles de Iesus-Christ, & auroit besoin d'estre appuyée de l'autorité des Peres & de la Tradition, que ceux qui s'en seruent ne produisent pas. Voicy ses paroles: *Et quoy qu'on remarque que Iesus-Christ en nommant deux fois ses agneaux a voulu signifier les deux Peuples, celuy des Iuifs & celuy des Payens; & qu'en nommant vne fois ses brebis, il a marqué les Euesques, qui sont les meres des agneaux; toute-fois il faut confesser que ce sens n'est pas si aisé à découurir, & qu'il a besoin d'estre appuyé de l'autorité des Peres & de la Tradition pour conuaincre toute sorte d'esprits.* Voilà tout ce qu'en dit ce Liure, sans adjouster rien qui puisse faire iuger qu'il a approuué cette explication, comme les Auteurs des Remarques l'asseurent. Mais ils auoient besoin de cela pour establir sur vn fondement qui n'a aucune force de soy-mesme, ce qu'ils vouloient dire contre le passage de saint Pierre Chrysologue. De sorte que ce fondement de sable estant ruiné, toute la machine de leur obiection & de leur discours est dissipée.

Pag. 586.

Mais elle est d'ailleurs si foible & si peu raisonnable, que quand on leur accorderoit de grace ce principe qu'ils ne prouueront iamais, ils n'en pourroient inferer ce qu'ils pretendent. Car quand il seroit vray que Iesus-Christ donnant à saint Pierre le soin de paistre ses brebis & ses agneaux, a voulu designer par les agneaux le peuple Iuif & le peuple Payen, & par les brebis les Euesques; comment s'ensuiuroit-il que saint Pierre Chrysologue escriuant que saint Paul a esté ioint à saint Pierre dans la charge de paistre ces mesmes agneaux, n'a entendu par ces agneaux que les ſeuls Gentils? Ne s'enſuiuroit-il pas au contraire qu'il a entendu tous les deux peuples, puis qu'on preſuppoſe qu'ils ſont marquez tous deux par ce mot *d'agneaux*? Il eſt donc manifeſte que ces Docteurs ſe trompent dans leurs propres ſuppoſitions, & s'égarent de toutes parts. Car ce qu'ils alleguent en ſuite, *que de fait ces paroles de ſaint Paul, Ie vous ay donné du lait & non de la viande ſolide*, dont ſaint Pierre Chryſologue ſe ſert pour confirmer ce qu'il a dit de ſaint Paul, *ne s'adreſſent qu'aux Corinthiens, qui eſtoient des Gentils conuertis à la foy Chreſtienne*, eſt peu digne de Theologiens ſolides; n'y ayant perſonne qui ne ſçache que comme les paroles de Ieſus-Chriſt aux Apoſtres, n'eſtoient pas tellement pour eux, qu'elles ne s'adreſſaſſent par eux à toute la terre, ſelon le teſmoignage de ſaint Leon, *Toute l'Egliſe vniuerſelle eſcoutoit ſon Sauueur en la perſonne de ceux qui eſtoient preſens*; & ſelon la declaration du Fils de Dieu meſme; proteſtant que *ce qu'il leur diſoit, il le diſoit à tous*; ainſi les diſcours des Apoſtres aux Fidelles de leur tẽps, ne ſe rapportoient pas particulierement à eux ſeuls, mais par eux à tous les Chreſtiens qui eſtoient alors, & à tous ceux qui deuoient naiſtre iuſques à la fin du monde; ſelon ce que ſaint Paul meſme declare qu'il auoit deſſein *de profiter à tous les hommes, & de les ſauuer tous*. Autrement il n'y auroit que ceux de Corinthe, qui peuſſent s'appliquer ce qui ſe rencontre dans les deux Lettres que ſaint Paul leur a eſcrittes, pour en nourrir leurs ames; l'Egliſe s'en ſeruiroit auiourd'huy, comme elle fait depuis tant de ſiecles que l'Egliſe de Corinthe eſt perie, contre l'intention de ſaint Paul; duquel les paroles, non plus que la charité, n'auoient aucunes bornes, eſtant les paroles de celuy qui eſtoit *continuellement chargé* du ſoin de toutes les Egliſes.

Tota Ecclesia ſalutare ſuum in iis qui aderant vniuerſaliter audiebat. S. *Leo. ſerm.* 9. *& Quadrag*

Quod autem vobis dico, omnibus dico. *Marc.* 13. *v.* 37.

1. *Cor.* 9.

2. *Cor.* 11.

Ce qui peut ſuffire pour reſpondre en vn mot au deffi que ces Docteurs font en ſuitte à leurs aduersaires, soustenant qu'ils *ne peuvent produire aucun passage des Peres qui monstre que Iesus-Christ ait commis à saint Paul, comme à saint Pierre, le soin de ses oüailles, sans en excepter pas vne, ny mesme ses Apostres, qui sont ses premieres oüailles meres des autres.* Car cette seule parole de saint Paul que nous venons de marquer, declarant qu'il est *chargé du soin de toutes les Eglises du monde*, n'est que trop forte pour satisfaire à vn deffi si magnifique; puis qu'il n'y a nulle apparence de croire que saint Paul ait vsurpé de soy-mesme cette conduitte vniuerselle de l'Eglise, sans l'auoir receuë de Iesus-Christ. Et il a esté prouué par quantité de lieux des Peres & des Papes dans le liure de la Grandeur de l'Eglise Romaine, que ce soin de toutes les Eglises du monde appartenant à saint Paul, est celuy-là mesme qui appartient aux Papes en qualité de Chefs de l'Eglise, & qu'ils se seruent eux-mesmes de ce texte pour establir leur autorité supréme, faisant voir qu'elle leur a esté communiquée par saint Paul comme par leur predecesseur, aussi bien que par saint Pierre, selon la parole d'Innocent III. & de tant d'autres Papes, que *l'Eglise Romaine a receu de Iesus-Christ son autorité* souueraine & *vniuerselle en la personne de ces deux Apostres.* Ie ne rapporteray pas icy tant de témoignages des Peres, qui ont esté produits pour cette verité, & qui monstrent si clairement que saint Paul a esté auec saint Pierre le *Pasteur de tout le genre humain*; qu'il a receu *la charge de toute la terre*, aussi bien que luy; Que toute *l'Eglise luy a esté commise, comme à luy*; qu'il a esté generalement *le Pere & le Prince commun de tous les seruiteurs de Iesus-Christ, le Prince de toute l'Eglise*, & en particulier *le Prince & le Chef des Apostres*, sans parler d'vne infinité d'autres qui se presentent comme en foule de toutes parts dans le liure que ces Docteurs combattent en fuyant, comme les Parthes. Mais certainement il y a suiet de s'étonner, que ne se contentant pas de dissimuler tous ces

Liu. 2. ch. 3. & 4 & liu. 4. ch. 4.

In persona eorum (Petri & Pauli) Romana Ecclesia autoritatem super vniuersas Ecclesias accepit. *Innoc. III lib. 1. ep. 234*

Petrum & Paulum Saluator mundi humano generi & Patres esse dedit & iudices. *S. Maxim. hom 4. in natal. Apost.*

Tales decebat humano generi Pastores & Doctores constitui *S. Bernard. serm. 1. de iisdem.*

ces lieux ils osent encore parler auec la mesme asseurance que si on ne les auoit point produits, en soustenant hardiment qu'on n'en sçauroit produire aucun.

Παῦλος τῆς οἰκουμένης τὴν προστασίαν ἐπεδέξατο. *Chrysost. homil.* 23 *in* 1. *Cor.* Petrus & Paulus Ecclesiæ sibi commissæ virtutem fidei & libertatem non passi sunt auferri *Godefrid Card. Vindocin. lib.* 1. *ep* 7. *ad Paschal. Pap.* Παῦλος ὁ κοινὸς πατὴρ καὶ πρόγονος τῶν ὅλων τῶν Χριστοῦ. *Chrysost. hom.* 2. *de Orat.* Caput effectus est nationum, quia obtinuit totius Ecclesiæ principatum. *S. Greg. lib.* 4. *in* 1. *Reg. cap.* 10. Παῦλος ὁ τῶν ἀποστόλων ἡγεμών. *Chrysost. hom.* 1. *de Orat.*

Et ce qui les rend plus inexcusables c'est que pour soustenir leur deffi, ils opposent ce passage de saint Bernard; *A qui est-ce, ie ne dis pas des Euesques, mais aussi des Apostres, que toutes les brebis de Iesus-Christ ont esté commises absolument & sans aucune reserue? Pierre si vous m'aimez,* dit Iesus-Christ, *Paissez mes brebis. Quelles brebis entend-il? sont-ce les peuples de quelque ville particuliere, ou de quelque pays, ou de quelque Royaume seulement? Mes brebis*, dit-il. *Qui ne void donc qu'il n'en designe aucune en particulier, mais qui les luy assigne toutes? Certes il n'excepte rien, puis qu'il ne distingue rien.* Or la traduction de ce passage est prise mot à mot de l'endroit du Liure de la Grandeur de l'Eglise Romaine, où l'Auteur employe des Chapitres entiers pour prouuer la puissance vniuerselle qui a esté donnée à saint Paul, comme à saint Pierre, sur toute l'Eglise & sur tous les hommes sans en excepter personne, non seulement par les textes des Peres, mais par ceux de l'Escriture mesme, qu'il fait voir estre autant ou plus clairs, que ceux qui parlent de l'autorité generale de saint Pierre; puisque l'Escriture dit expressement que saint Paul a receu *la Grace*, c'est à dire l'Apostolat, *pour illuminer tous les hommes*; que Dieu l'a choisi *pour porter son Nom deuant les Gentils & les Roys, & deuant tous les enfans d'Israël*, c'est à dire pour donner à tous les peuples du monde la pasture de la vraye doctrine: Qu'il l'a *l'a enuoyé au peuple* Iuif, *& aux Gentils, pour leur ouurir les yeux, afin qu'ils se conuertissent & reçoiuent, la remission des pechez*; Et qu'il l'a

De la grandeur de l'Eglise Romaine liu. 4. *pag* 583.

Ephes. 3.

Act. 9.

Act. 26.

Act. 22. *predestiné pour luy estre témoin enuers tous les hommes.* D'où l'Auteur conclud inuinciblement, que comme tous les Catholiques prouuent auec raison que Iesus-Christ a donné à saint Pierre vne puissance vniuerselle sur toute l'Eglise, parce qu'il luy a commis le soin de ses brebis & de ses agneaux en general sans aucune exception ; il faut confesser par la mesme raison, qu'il a donné cette mesme puissance & cette mesme charge à saint Paul, puisque l'Escriture témoigne en tant de lieux qu'il luy a commis generalement tous les peuples & tous les hommes, & en des termes plus clairement & plus formellement vniuersels & sans bornes, que ceux dont il a vsé parlant à saint Pierre. Et cependant ces Docteurs ne pouuant nier qu'ils n'ayent veu tous ces textes si forts & si exprés, puis qu'ils se lisent au mesme endroit du Liure d'où ils ont pris la traduction Françoise du passage de saint Bernard qu'ils alleguent dans cette Remarque ; ils ont bien le courage non seulement de les passer sans responsc & sans en faire mesme mention, mais aussi d'asseurer qu'on ne les a point produits, & qu'on n'en sçauroit produire aucun, qui monstre que Iesus-Christ ait chargé saint Paul du soin de toutes ses brebis aussi generalement & aussi pleinement que saint Pierre. Certes s'ils ne craignent point les hommes ils deuroient pour le moins craindre Dieu, qui ne souffrira pas qu'on se joüe ainsi impunément de sa verité & des points les plus importans de sa Religion.

Pag. 585.

Que si tant de lieux formels de l'Escriture n'ont pas assez de force sur leurs esprits, & qu'ils veillent qu'on les confirme par ceux des Peres, il suffira entre ceux que nous venons de marquer de leur produire le tesmoignage d'vn grand Pape, qui donne à S. Paul, comme à saint Pierre, & auec saint Pierre, le titre de *Pasteur du troupeau de Iesus-Christ* en general & sans limitation, en la mesme maniere qu'il appar-

Apostolorum Principes, gregis dominici Pastores. *Paulus* II. *in Bulla de Iubil. an.* 1470.

tient à saint Pierre, en qualité de Pasteur vniuersel de l'Eglise. Ce qui est exprimé encore plus clairement par saint Bernard, les appellant *Pasteurs & Iuges de tout le genre humain.* Et saint Chrysostome ayant tesmoigné que Iesus-Christ par ces paroles, *Paissez mes agneaux & mes brebis*, a donné à saint Pierre [a] la *charge de toute la terre*, & l'a creé *Docteur de tout le monde*, pour monstrer qu'il a donné cette mesme dignité à saint Paul, dit en mesmes termes, qu'il *luy a commis la charge de toute la terre*; en sorte *qu'il estoit toutes choses dans l'Eglise, comme s'il eust esté luy-mesme toute l'Eglise vniuerselle.* Et l'Eglise le nomme publiquement dans l'Office, *Docteur de tout le monde* auec le consentement de l'Escriture & de tous les Peres.

a Αὐτῷ τὴν οἰκουμένην ἐνεχείρισε. *Chrysost. homil.* 88 *in Ioan.* Τοῦτον τῆς οἰκουμένης ἐχειροτόνησε διδάσκαλον. *Ibid.* Παύλῳ τὰ πράγματα τῆς οἰκουμένης ἐνεπίστευσε, καὶ τὰ μυστήρια πάντα καὶ τὴν οἰκονομίαν ὅλην. *Idem hom.* 18. *in ep ad Rom.* Πάντα αὐτὸς ἦν, καὶ ναύτης καὶ κυβερνήτης, καὶ πρῳρεὺς Καθάπερ αὐτὸς ἦν ἡ ἐκκλησία ἡ κατὰ τὴν οἰκουμένην. *Idem hom.* 25. *in* 2. *Cor.*

Ce qui monstre que nos Docteurs abusent du lieu où saint Bernard escrit, que Iesus Christ *n'a point commis absolument & sans aucune reserue toutes ses brebis à aucun des Euesques, ny des Apostres, comme à saint Pierre, lors qu'il luy a dit, Paissez mes brebis*: estant clair que saint Bernard ne veut marquer sinon que ces paroles ont esté addressées à saint Pierre seul, & non à aucun des autres Apostres, ny par consequent aux Euesques, qui sont leurs successeurs. Mais il ne veut pas dire qu'encor que Iesus-Christ ne parlast pas alors à saint Paul, qui n'estoit pas seulement conuerty, il ne luy a pas communiqué depuis la mesme autorité, qu'il confera à saint Pierre par ces paroles, le seul titre de *Pasteur d tout le genre humain*, dont il les honnore tous deux ensemble, faisant voir le contraire, sans tous les autres tesmoignages des Peres & des Papes.

S. Bern l. 2. *de consid. cap.* 8.

Apres tant d'efforts inutiles nos Docteurs reuiennent encore au texte de saint Pierre Chrysologue, soustenant que *si on veut conclure que saint Paul a eu charge aussi bien que saint Pierre sur les Apostres & sur toute l'E-*

Pag. 13.

glise, parce qu'il est dit son compagnon, ou son collegue ; il faut donc qu'on concluë pareillement que Tite auoit la mesme charge que cét Apostre, puis qu'il est dit son compagnon & son Coadiuteur, &c.

Ie responds que l'Auteur contre qui ils escriuent n'a point argumenté de la sorte, mais qu'il le pouuoit faire neantmoins sans apprehender leurs subtilitez. Car premierement le lieu de saint Paul qu'ils marquent, ne dit pas que Tite estoit son compagnon & son Coadjuteur absolument, mais seulement dans l'Eglise de Corinthe, *Il est*, dit-il, *mon compagnon & mon ayde parmy vous.* Au lieu que saint Paul est appellé absolument & generalement *compagnon & collegue* de saint Pierre par les Peres, & non pas son *Coadjuteur.*

Pro Tito, qui est socius meus, & in vobis adiutor. 2. *Cor.* 8.

Secondement il ne se trouue point que les Peres ayent iamais dit que Tite estoit égal à saint Paul; qu'il auoit receu vn mesme honneur que luy; qu'il ne luy estoit point inferieur; ny qu'il ait eu comme luy la charge de toute l'Eglise & de tout le monde. Il ne se trouue pas aussi que ces mesmes priuileges ayent esté attribuez à aucun Euesque en particulier à l'égard de saint Paul, ou de saint Pierre; ny que les Euesques ayent esté appellez Chefs & Princes des Apostres auec saint Pierre, Apostres suprêmes, premiers Apostres, vnis à luy par vne mesme primauté, comme saint Paul; sans parler d'vne infinité d'autres aduantages de saint Paul qui sont representez dans le Liure de la Grandeur de l'Eglise Romaine, & monstrent éuidemment que saint Paul a esté nommé compagnon & collegue de saint Pierre en vne maniere tres-differente de celles dont les Euesques le sont des Papes, & les Prestres des Euesques; & qu'ainsi on a grand tort de vouloir abuser l'ambiguité de ce mot qui se prend en plusieurs sens, pour confondre des choses si inégalles, & pour destruire vne verité si constante. Ce qui n'est pas moins absurde que si on vouloit pretendre que la diuinité de Iesus-Christ, ne peust pas estre prouuée solidement par les lieux de l'Escriture où il est appellé Dieu, & Fils de Dieu, parce que ces mesmes titres sont donnez si souuent aux hommes dans la mesme Escriture.

On pourroit croire que tant de fautes dont ces Messieurs ont remply leurs Remarques, ne sont que de simples erreurs d'entendement, s'ils n'auoient encore l'asseurance de triompher & d'insulter à leurs aduersaires, en disant, *qu'apres cela on trouue vn peu estrange qu'ils asseurent qu'ils ne font que rapporter simplement ce qu'ils trouuent dans les Liures de l'Eglise.* Pag. 12. Mais cette chaleur & cette hardiesse monstre que leurs erreurs sont mélées de passion, & ne procedent pas moins de la volonté que de l'entendement. Certes si quelqu'vn pouuoit douter auparauant de la fidelité des citations des Peres dont le Liure de la Grandeur de l'Eglise Romaine est composé, ces seules Remarques suffiroient pour luy oster ce doute, faisant voir si clairement à tout le monde, que ce qui ne peut estre combattu que par des excez & des égaremens continuels, est au dessus de la calomnie & de toute sorte de reproche.

REMARQVE IX.

Fausseté touchant le Concile de Chalcedoine.

LA neufiéme Remarque accuse l'Auteur de *supposer que ce qui a fait dire au Concile Oecumenique de Chalcedoine, c'est à dire à l'Assemblée generale de tous les Euesques du monde, que le Pape leur presidoit comme la teste aux membres; c'est qu'il a receu par saint Pierre & par saint Paul cette autorité de Chef de l'Eglise, qui s'estend sur tous les Euesques, aussi bien que sur les particuliers.* Ce qui est entierement faux. Car bien que cette verité soit attestée par tant de Peres & de Papes, dont on peut voir les paroles dans le Liure de la Grandeur de l'Eglise Romaine, & dont nous auons rapporté quelques-vns dans cét escrit; toutes-fois comme toutes les veritez ne se trouuent pas par tout, l'Auteur ne dit pas qu'elle se rencontre dans le Concile de Chalcedoine. Il examine en ce lieu là les paroles du Pape Gregoire VII. qui aduoüe *qu'il a receu par saint Pierre & par saint Paul l'authorité* par laquelle il absout vn Euesque de Sienne. Et pour exprimer la force de ce passage, il adiouste que l'autorité dont ce Pape parle n'est pas vne autorité mediocre & commune à tous les Euesques, mais que c'est vne autorité suprême, esleuée au dessus de tous les Euesques & de toute l'Eglise, & cette autorité sureminente qui a fait dire au Concile de Chalcedoine, c'est à dire à tous les Euesques du monde, que le Pape leur presidoit comme la teste aux membres. Pour voir éuidemment cette verité, il ne faut que rapporter les propres paroles de l'Auteur, lequel apres auoir cité celles de Gregoire VII. escrit ainsi: *Il reconnoist clairement par ces paroles, qu'il auoit receu par saint Pierre & par saint Paul cette autorité de Chef de toute l'Eglise, qui s'estend sur tous les Euesques aussi bien que sur les particuliers, & qui a fait dire au Concile Oecumenique de Chalcedoine, c'est à dire à l'Assemblée generale de tous les Euesques du monde, Que le Pape leur presidoit comme la teste aux membres, & qu'il auoit cette puissance de lier & de délier, de condamner & d'absoudre, non seulement les brebis, mais les Pasteurs; & qu'ainsi Iesus-Christ auoit donné à saint Paul, aussi bien qu'à saint Pierre, la mesme puissance de lier & de délier dans le Ciel & sur la terre, aussi bien les Apostres, dont les Euesques sont successeurs, que le commun des fidelles.*

Pag. 169.

Il est donc clair que l'Auteur dit bien que le Pape Gregoire VII. a reconnû dans saint Paul la mesme autorité que le Concile de Chalcedoine a reconnû dans le Pape, qui est l'autorité generale sur tous les

Euesques, aussi bien que sur les particuliers, & par consequent sur tous les Apostres, ausquels les Euesques succedent. Mais il ne dit pas, comme on l'accuse faussement, que le Concile de Chalcedoine a reconnû aussi cette mesme autorité dans saint Paul; sçachant bien que cela n'estoit pas, & qu'il n'auoit point besoin de l'autorité de ce Concile pour establir cette verité, qu'il establissoit en ce lieu-là par l'autorité d'vn Pape des plus celebres & des plus zelez pour le siege Apostolique, aussi bien qu'il l'auoit desia establie, & qu'il la deuoit encore establir par celle de tant d'autres Papes & de Conciles.

REMARQVE X.

Que ces mots, ὁμοίως, & PARITER, ont esté fidellement rendus par, ESGALLEMENT; & qu'on blesse aussi bien la Theologie que la Grammaire en condamnant cette Traduction.

Fausseté sur le mesme sujet.

CEs Messieurs sont si ciuils & si reconnoissans, qu'apres auoir trouué les Traductions de l'Auteur si bonnes & si fidelles, qu'ils n'ont point fait de difficulté de s'en seruir dans le besoin en plusieurs endroits de ces Remarques, ils l'accusent icy en recompense d'auoir violé souuent les loix de la Traduction, disant que d'*ordinaire il altere la pureté des passages des Saints Peres, pour les faire seruir à son dessein. Comme quand au lieu de traduire le mot Grec* ὁμοίως, *& le Latin, pariter, semblablement, ou ensemble, il traduit esgallement.* Pag. 13 & 14.

Ie demande premierement à ces Docteurs s'ils pretendent qu'en blasmant les autres d'abuser des paroles des Peres, ils ont acquis le droit d'abuser de leurs propres paroles ? Car ils reprennent l'Auteur *d'alterer d'ordinaire la pureté des passages des Saints Peres*, en traduisant mal vn mot Grec, & vn mot Latin : & neantmoins ils ne s'efforcent de iustifier leur accusation que par deux lieux qu'ils cottent en marge. Pag. 258. & 114. Peut-on accuser vn homme de faire *d'ordinaire* vne chose, qu'on ne marque qu'il ait fait que deux fois seulement ? Ainsi cette accusation est desia fausse dés l'entrée, & se destruit elle mesme. Mais elle est encore déraisonnable en ce que ceux qui la font ne sçauroient nier que le Latin, *pariter*, & le Grec ὁμοίως, ne signifient *esgallement*, s'ils ne veulent démentir tous ceux qui ont la moindre connoissance des deux langues. Et cela estant ils ne peuuent blasmer sans iniustice, l'Auteur du Liure, d'auoir traduit ces deux mots, selon le sens qu'ils ont veritablement, s'ils ne monstrent qu'ils en doiuent auoir vn autre dans les lieux qu'il a produits. Ce qu'ils ne taschent pas seulement de faire, se contentant de dire que ces mots signifient *semblablement, ou ensemble* ; comme s'il s'ensuiuoit de là, qui ne signifient pas aussi *égallement* ; & comme si lors qu'vn mot a plusieurs significations, il estoit permis d'abuser de l'vne pour éluder les autres, sans considerer par les circonstances du discours laquelle il luy faut donner precisement dans le lieu dont il s'agit. Autrement les Sophistes & les pointilleurs pourront troubler tout le langage & toute la societé des hommes, & empescher qu'on ne s'entende *l'vn l'autre* : Et de ce que ce mot, *benedicere*, signifie quelque-fois *maudire*, dans l'Escriture, on pourra pretendre qu'il ne signifie pas *benir*, lors qu'elle dit, *Benedicite omnia opera Domini Domino*. De sorte que la maniere de raisonner de nos aduersaires est Sophistique, & tres esloignée de gens solides & amateurs de la verité.

Mais il est aisé de faire contre eux ce qu'ils deuoient faire les premiers contre celuy qu'ils accusent,

sent, & de monstrer en examinant les lieux mesmes que ces aduerbes ὁμοίως, & *pariter*, ont esté bien rendus par *esgallement*, estant en effet ce qu'ils signifient dans les textes dont il s'agit.

Le premier est du Pape Gelase, escriuant que saint Pierre & saint Paul *pariter sanctum Romanam Ecclesiam Christo Domino consecrarunt*, ont consacré également à Iesus-Christ l'Eglise Romaine. Car on ne peut douter que ce Pape ne veüille dire que saint Pierre & saint Paul ont fondé l'Eglise Romaine; vsant de ce verbe, *consacrer*, au mesme sens qu'il dit peu apres que l'Eglise d'Alexandrie a esté *consacrée par saint Marc*, c'est à dire fondée. Or il est certain que deux hommes ne peuuent estre ensemble Fondateurs d'vne mesme Eglise, s'ils n'agissent auec vne autorité & vne puissance égalle. C'est pourquoy saint Lin, saint Clet, & saint Clement ne sont iamais nommez fondateurs de l'Eglise Romaine, encore qu'ils y ayent trauaillé auec saint Pierre, & qu'ils soient appellez ses Coadiuteurs & ses Ministres par les Peres. Et saint Barnabé n'est pas dit Fondateur de l'Eglise d'Antioche, comme saint Paul, encore qu'il y ait seruy auec tant de soin & de zele, & qu'il y ait mesme mené ce grand Apostre; parce *qu'il s'adressa à luy*, selon saint Chrysostome, non comme à son égal, mais *comme à son Capitaine, & au Chef de l'Armée de Iesus-Christ*; & *qu'il luy cedoit, comme saint Iean cedoit à saint Pierre*. Tellement que le titre de Fondateur d'vne Eglise n'appartenant qu'à celuy qui agit auec vne autorité independente de ceux qui trauaillent pour establir la mesme Eglise; & ainsi ne pouuant estre donné à deux personnes ensemble à l'égard de la mesme Eglise, s'ils ne l'ont édifiée auec vne puissance égalle, & sans dépendre l'vn de l'autre; comme la qualité de General d'vne Armée, ne peut estre attribuée à deux Chefs inégaux; il s'ensuit que le Pape Gelase escriuant que saint Pierre & saint

Gelas. in Conc. Rom. 1.

Secunda Sedes apud Alexandriã B. Petri nomine à Marco eius discipulo & Euangelista consecrata est. *Ibid.*

Ἦλθεν ἐπὶ τὸν στρατηγὸν, ἐπὶ τὸν μονόμαχον, ἐπὶ τὸν λέοντα. Οὐκ ἔχω τί εἴπω, ἴσως γὰρ ἂν εἴπω, ἐλάττονα τῆς ἀξίας τοῦ Παύλου. *Chrysost. hom. 25 in Act.* Ὅρα τὸν Βαρνάβαν παραχωροῦντα τῷ Παύλῳ, ὥσπερ καὶ Πέτρῳ Ἰωάννης πανταχοῦ. *Idem hom. 29. in Act.*

Paul ont fondé tous deux l'Egliſe de Rome, marque qu'ils l'ont edifiée auec vn pouuoir tout pareil; & que par conſequent ces paroles *pariter ſanctam Romanam Eccleſiam Chriſto Domino conſecrarunt*, ne pouuoient eſtre traduites auec intelligence, & ſelon le vray ſens de ce Pape que comme l'Auteur du Liure les a rendus, *Ils ont conſacré, ou fondé tous deux égallement l'Egliſe Romaine.* Ce qui paroiſt encore dauantage parce que le meſme Pape adiouſte en s'expliquant, *qu'ils l'ont miſe en l'eſtat où elle eſt, & luy ont donné la préeminence qu'elle a par deſſus toutes les villes du monde*, c'eſt à dire ſa primauté laquelle pour cette raiſon il faut qu'ils ayent euë eux-meſmes; & partant qu'ils ayent eſté tous deux Chefs & maiſtres ſuprêmes de l'Egliſe, & entierement égaux.

Pariter ſanctam Romanam Eccleſiam Chriſto Domino conſecrarunt, talemque omnibus vrbibus in vniuerſo mundo ſua præſentia atque venerando triumpho prætulerunt *Idem. Ibid.*

Toutes ces meſmes raiſons iuſtifient encore la traduction de l'autre paſſage qu'on reprend, où le mot Grec, ὁμοίως, a eſté traduit, *égallemene.* Car c'eſt vn lieu de l'Epiſtre que ſaint Denis Eueſque de Corinthe a eſcrit à l'Egliſe Romaine, où il dit que ſaint Pierre & ſaint Paul *ont planté l'Egliſe de Rome, & celle de Corinthe, & ont enſeigné égallement l'vne & l'autre*, ὁμοίως, ἐδίδαξαν. Où il eſt clair qu'il parle de la fondation de ces Egliſes faites par ces deux Apoſtres; & qu'ainſi il veut dire qu'ils les ont inſtruites auec vne autorité non ſeulement ſemblable en quelque choſe, mais entierement égalle & independante.

Ἄμφω καὶ εἰς τὴν ἡμετέραν Κόρινθον φυτεύσαντες ἡμᾶς, ὁμοίως ἐδίδαξαν, ὁμοίως δὲ καὶ εἰς τὴν Ἰταλίαν ὁμόσε διδάξαντες, ἐμαρτύρησαν κατὰ τὸν αὐτὸν καιρόν. *Dion. Corinth. apud Euſeb. l. 2. hiſt. c. 25.*

Il ne reſte plus rien à dire ſur ce que les Auteurs des Remarques adiouſtent en ſuitte touchant le paſſage du Concile VIII. Oecumenique, qui porte que ſaint Pierre & ſaint Paul *compoſent le ſuprême degré de la principauté des Apoſtres*, apres ce que nous auons deſia reſpondu ſi amplement ſur ce ſujet. Il ne faut que remarquer ſimplement la nouuelle fauſſeté qu'ils commettent icy, aſſeurant que dans l'Epiſtre liminaire au Pape Innocent X. on a *ſuppoſé comme vne definition du Concile* cette propoſition, *vt pariter ſint vna Apoſtolorum ſummitas principalis*, ſe plaignant que *ces mots*, PARITER VNA, *ne ſe trouuent point meſme dans l'Epiſtre d'Ignace, qu'ils veulent faire paſſer ſous le nom du Concile.* Car la ſeule lecture de l'Epiſtre fait voir qu'il eſt faux que tous ces mots y ſoient attribuez au Concile, & y ſoient propoſez pour ſa definition, les ſeuls mots, *Apoſtolorum ſummitas principalis*, y eſtans marquez en lettre Italique, comme paroles du Concile, & les autres en lettre Romaine, comme parole de l'Auteur, en cette maniere : *Petrus & Paulus Apoſtolorum ſummi ac Principes ſic ac vniuerſa Eccleſia prædicantur, vt pariter ſint vna* APOSTOLORVM SVMMITAS PRINCIPALIS. Et ainſi les accuſateurs ſont conuaincus eux-meſmes par leur propre accuſation du crime qu'ils impoſent à vne perſonne tres-innocente.

Pag. 14.

Epiſt. pag. 14.

Ils ne peuuent non plus blaſmer l'Auteur de ce qu'il a eſcrit ſelon le ſens des paroles du Concile, que ſaint Pierre & ſaint Paul *ſont égallement vne meſme Principauté ſuprême*, ou compoſent vne meſme Principauté ſuprême *des Apoſtres*, puis que le Concile exprime ſi clairement cette penſée en les appellant tous deux *eximiam & principalem Apoſtolorum ſummitatem*, qu'il eſt impoſſible de s'empeſcher de le voir qu'en fermant les yeux. Car il ne dit pas *principales Apoſtolorum ſummitates*, au plurier ; mais *principalis Apoſtolorum ſummitas*, au ſingulier ; pour monſtrer qu'il ne reconnoiſt en eux qu'vne meſme principauté ſuprême ſur tous les Apoſtres. Et par ce moyen il teſmoigne auſſi que cette principauté eſt égalle, puiſque ſans cela elle ne ſeroit pas ſuprême en tous les deux, comme il dit, eſtant clair que deux puiſſances ſuprêmes ne peuuent eſtre inégales, & dependantes l'vne de l'autre ; & beaucoup moins vne meſme principauté ſuprême, comme celle que le Concile attribuë à ces deux Apoſtres ſans aucune difference.

REMARQVE XI.

Que saint Leon égalle saint Paul à saint Pierre en l'appellant Compagnon de la gloire de saint Pierre. Et que la maniere de pointiller dont on vse contre ce raisonnement en corrompant mesme l'Escriture sainte, le rend encore plus fort.

Consorte gloriæ tuæ Paulo. *S. Leo. serm. 1. de nat. Ap.*

IL n'y a rien d'assez clair pour ceux qui ne veulent point voir. C'est pourquoy ils ne trouuent pas aduantageuse pour l'égalité de saint Pierre & de saint Paul la parole de saint Leon qui fait saint Paul *Compagnon de la gloire de saint Pierre*. Ce qu'ils eussent pû pretendre auec vn peu plus d'apparence, s'ils eussent produit quelque lieu du mesme Pere, ou de quelque ancien, qui eust donné ce mesme titre à quelqu'vn des autres Apostres. Mais ne l'ayant pas fait, & cela ne se trouuant point, c'est vn signe manifeste que ces paroles ne contiennent rien qui puisse estre commun aux autres Apostres auec saint Paul, & qu'elles expriment la dignité & l'autorité sureminente qu'il a sur eux auec saint Pierre. Et ce qui rend cette preuue encore plus indubitable, c'est que l'Auteur du Liure de la Grandeur de l'Eglise Romaine, combattoit vne de leurs maximes, par laquelle ils soustenoient hardiment qu'il ne falloit point reconnoistre d'autre Chef de la Hierarchie que celuy qui ne souffre point la compagnie non seulement d'vne autre puissance, mais non pas mesme d'vne autre personne, *alterius non solùm potestatis, sed etiam personæ consortis impatiens*. Ce qu'il ne pouuoit ruiner plus fortemẽt qu'en leur opposant saint Leon qui reconnoist saint Paul *Compagnon de saint Pierre dans sa gloire*; c'est à dire dans ce qu'il a de plus illustre & de plus éminent par dessus les autres Apostres, & par

Nos hierarchiæ caput vnicum alterius non solum potestatis, sed etiam personæ consortis impatiens asserimus. *Hab. l. 1. pag. 5.*

deſſus tous les membres de Ieſus-Chriſt, ſe ſeruant pour eſtablir cette verité du meſme terme qu'ils auoient choiſi pour la deſtruire.

C'eſt ce que ces Meſſieurs deuoient conſiderer, au lieu de reprendre ſi legerement & auec ſi peu de raiſon, vne preuue qui eſt ſi ſolide & ſi conuainquante, que quand elle ne vaudroit rien pour les autres, elle ſeroit inuincible pour l'Auteur du Liure de la Grandeur de l'Egliſe Romaine, agiſſant contre ceux qui s'eſtoient engagez inconſiderement dans vne expreſſion formellement contraire à celle de ſaint Leon. Et cela ſert encore pour voir dauantage l'iniuſtice de ces gens, & l'inconſtance de leurs penſées. Car ils nient maintenant que ce mot Latin *conſors*, ſignifie égalité ; Et dans leurs premiers eſcrits ils ont tellement aduoüé le contraire, qu'ils n'ont aſſeuré que le Chef de la Hierarchie ne pouuoit ſouffrir la compagnie d'vne autre puiſſance, ny meſme d'vne autre perſonne, *alterius non ſolùm poteſtatis, ſed etiam perſonæ conſortis impatiens*, que parce qu'ils ont preſuppoſé comme choſe certaine que ce mot, *conſors*, emporte cette égalité qu'ils auoient entrepris de combattre de toutes leurs forces. Ce qu'ils ont reconnû encore ailleurs, lors qu'ils ont eſcrit qu'vn Autheur dont ils parloient, dénie à ſaint Paul la compagnie de ſaint Pierre dans vn meſme ſiege & dans vne meſme chaire, *Paulo denegat conſortium eiuſdem Sedis & Cathedræ* ? pour exprimer que ſaint Paul n'a pas poſſedé égallement auec ſaint Pierre le Siege de Rome. Habert. l. 1. p. 77.

Et en effet ceux qui ſçauent quelque peu de Latin demeureront aiſément d'accord d'vne choſe ſi claire, que cette ſeule parole du Poëte ſi connuë de tout le monde, ſuffit pour empeſcher tous les hommes d'en douter.

---Omniſque poteſtas.
Impatiens conſortis erit.

K iij

Car il est manifeste qu'il ne veut pas dire qu'vne puissance ne peut souffrir d'estre communiquée en aucune maniere ; puisque tous les Princes communiquent la leur à tant d'Officiers, dont ils ne sçauroient pas mesme se passer, & qui au lieu de diminuer leur authorité, la soustiennent, & la rendent plus venerable. Mais il veut dire qu'vne puissance ne peut estre communiquée auec égalité & sans independance ; exprimant cette pensée par ses termes, *Impatiens consortis erit*, pour monstrer que le mot, *consors*, enferme cette égalité que les Auteurs des Remarques ne veulent pas qu'il enferme.

Et afin qu'ils voyent encore dauantage que c'est en ce mesme sens que les Peres font saint Paul compagnon de saint Pierre, & qu'ils marquent cette compagnie d'égalité, & non de dependance, par le Latin, *consors*, ils trouueront que Rupert comparant Remus & Romulus Fondateurs de la ville de Rome, auec saint Pierre & saint Paul Fondateurs de l'Eglise de Rome, dit que les deux premiers furent diuisez, & que Romulus tua son frere, parce *qu'il ne pouuoit souffrir de compagnon*, selon la parole du Poëte, *Omnisque potestas impatiens consortis erit* ; mais que saint Pierre & saint Paul ont esté enuoyez de Dieu contre ces deux freres pour fonder & establir la Grandeur de l'Eglise Romaine, dans vne vnion admirable ; opposant saint Pierre & saint Paul à Romulus & Remus, en ce que ces deux Apostres ont esté compagnons en la maniere que les deux premiers n'ont peu endurer, c'est à dire en vne maniere égalle, & dans vne mesme puissance suprême, comme elle est exprimée par ce Poëte, qui dit que *nulle puissance ne peut souffrir de compagnon*.

Romulus Remũ interfecit per impatientiam consortij. Vnde idem dicit, Omnisque potestas impatiens consortis erit. Pulchro igitur nimirum spectaculo contra germanos discordes missi sunt hi duo spritu fratres, spirituali germanitate concordes, vt super vetera discordiæ fundamenta nouum concordiæ fundamenta Christum ponerent, nouamque magno Regi Deo ciuitatem struerent quæ pro magna firmitate Apostolicæ fidei veraciter dici meruit iustitiæ sedes, fidei domus, aula pudoris, &c. *Rupert. lib. 6. de op. Sp. S. cap. 7.*

A tout cela les Auteurs des Remarques n'ont rien à opposer qu'vne de leurs subtilitez ordinaires, disant : *qu'ainsi on pourroit conclure l'égalité de tous les Saints auec Dieu en sa nature diuine, parce que saint Pierre escrit, que l'effet & la fin de ses graces est de nous rendre compagnons de la nature diuine.* De sorte qu'il leur faut encore redire icy, ce que nous leur auons desia dit ailleurs, & ce qu'il leur faudroit redire souuent, qu'ils vont vn peu trop viste, se laissant emporter aux premieres apparences qui se presentent à leur esprit dans le desir qu'ils ont de reprendre ce qu'ils ne se donnent pas le loisir de considerer. Car ils ne trouueront pas que l'Escriture dise que les Saints possedent vn mesme degré de grandeur auec Dieu, comme saint Leon escrit que saint Pierre & saint Paul *ont esté esleuez à vn mesme degré de grandeur par dessus toute l'Eglise.* Ils ne trouueront pas qu'elle dise que les Saints sont joints auec Dieu dans l'Eglise, comme les deux yeux le sont dans la teste de l'homme, ainsi qu'il a escrit que saint Pierre & saint Paul sont à l'Eglise ce que les deux yeux sont à la teste; estant certain que les Saints ne sont point parties de la teste de l'Eglise, & n'ont aucune part à la qualité de Chef à l'égard de Iesus-Christ, duquel ils ne sont que les membres; ny à celle d'œil d'Eglise, qui ne leur appartient qu'enuers les Fidelles qui dependent de leur charge, & non en comparaison de Iesus-Christ, duquel ils reçoiuent toute leur lumiere & toute leur conduite pour la communiquer aux membres inferieurs de son corps, comme les yeux esclairent & conduisent tous les membres de l'homme. Ils ne trouueront pas non plus que l'Escriture dise, qu'il n'y a aucune difference entre les merites & les vertus de Dieu & des Saints, comme saint Leon asseure qu'il n'y en a point entre celles de saint Pierre & de saint Paul, & qu'ils ont esté égaux depuis leur élection iusques à la fin de leur vie. Enfin

Pag. 14.

Quos gratia Dei in tantum apicem inter omnia Ecclesiæ membra prouexit, vt eos in corpore, cui caput est Christus, quasi geminum constituerit lumen oculorum. S *Leo serm.* 1. *de nat. Apost.*

De quorum meritis atque virtutibus, quæ omnem loquendi superant facultatem, nihil

diuersum, nihil debemus sentire discretum: quia illos & electio pares, & labor similes, & finis fecit æquales.
Idem. ibid.
Gloriam meam alteri non dabo, *Isa. 48. v. 11.*
Gloria in altissimis Deo & in terra pax hominibus bonæ voluntatis. *Luc. 2.*

ils ne trouueront pas mesme que l'Escriture dise que les Saints sont *Compagnons de la gloire de Dieu*, & de ce qu'il a d'éminent par dessus les creatures; puis qu'au contraire elle declare *qu'il ne donnera point sa gloire à vn autre*; & que les Anges annonçant la naissance de Iesus-Christ, attribuerent *la Gloire à Dieu, & la Paix aux hommes de bonne volonté*; mettant cette difference entre Dieu & les hommes, que les hommes reçoiuent la Paix de Iesus-Christ, comme le comble & le plus haut degré de leur bon-heur; mais que la gloire n'appartient qu'à Dieu seul, comme l'Escriture le dit formellement en tant de lieux. De sorte que tant s'en faut qu'ils puissent diminuer par l'Escriture la force des paroles de saint Leon, qui font saint Paul *Compagnon de la gloire de saint Pierre*, que toutes les expressions qu'ils en sçauroient produire, ne seruent qu'à les rendre plus puissantes & plus claires.

Il paroist donc que saint Leon appelle saint Paul *Compagnon de la gloire de saint Pierre* en vn sens tres-different de celuy de l'Escriture lors qu'elle dit, selon ces Messieurs, *que nous sommes compagnons de la nature diuine*. Mais pour voir encore mieux la foiblesse de cette objection, ils n'ont pû s'empescher de corrompre ce passage. Car au lieu de traduire, que *nous sommes participans de la nature diuine*, selon le consentement de tous les traducteurs François, anciens & nouueaux, Catholiques & Heretiques, & selon le sens de l'Apostre; ils traduisent *Compagnons de la nature diuine*, par vne Phrase aussi extraordinaire parmy les Theologiens, qu'elle est nouuelle dans nostre langue; abusant de l'equiuoque du mot Latin de l'edition vulgaire, *consortes*, qui ne marque en ce lieu que la participation de la nature diuine que nous receuons dans la Grace & dans la Gloire, pour se ioüer des paroles de saint Leon, où ce mesme terme est employé pour exprimer l'vnion particuliere de

Vt efficiamini diuinæ consortes naturæ. *2. Pet. 1.*

ſaint Pierre & de ſaint Paul dans vne meſme puiſſance, & dans *vn meſme degré ſuprême par deſſus tous les membres de Ieſus-Chriſt*, ſelon le ſens & ſelon le langage de ce grand Pape. Ce qui eſt auſſi peu raiſonnable & auſſi peu digne de gens d'honneur, que ſi on vouloit prouuer par ce meſme texte de ſaint Pierre, que lors que les Peres appellent le Fils de Dieu *conſortem gloriæ Patris*, ils n'entendent pas qu'il luy eſt égal dans la diuinité ; & que lors que les Empereurs Romains ſont appellez *conſortes Imperij*, ce mot, *conſortes*, ne ſignifie pas leur égalité & leur vnion dans vne meſme ſouueraineté, contre l'intention de tous ceux qui ont parlé de la ſorte, & contre le iugement de tous ceux qui ont quelque connoiſſance de l'Hiſtoire, où de la langue Latine.

REMARQVE XII.

Que les proteſtations ordinaires que les Papes font d'agir par l'autorité de ſaint Pierre & de ſaint Paul, prouuent ſolidement qu'ils ont receu de ſaint Paul, comme de ſaint Pierre, la primauté de l'Egliſe ; ſans qu'on puiſſe affoiblir cette preuue par aucunes euaſions, qui ne monſtrent que le peu de connoiſſance qu'on a de l'Ordre de l'Egliſe.

Où il eſt expliqué en quel ſens les Papes diſent quelquesfois qu'ils agiſſent par la Vierge & par les Saints.

CE raiſonnement paroiſt d'abord ſi ferme & ſi viſible qu'il faut auoir beaucoup de cette force qui procede de foibleſſe pour y pouuoir reſiſter. Car quels teſmoignages plus aduantageux ſçauroit on deſirer pour l'autorité ſuprême de ſaint Paul, que ceux de tant de Papes, qui declarent ſi ſouuent & ſi ſolemnellement que celle par laquelle ils agissent en qualité de Chefs de l'Eglise vniuersel-le, est l'autorité de saint Paul aussi bien que de saint Pierre, que ce langage est deuenu commun dans l'Eglise Romaine, & a passé dans le style ordinaire du siege Apostolique? Mais ces preuues ont encore vne force toute particuliere dans le Liure de la Grandeur de l'Eglise Romaine, parce qu'elles sont alleguées contre ceux qui se seruoient pour ruiner la dignité de saint Paul des passages où les Papes disent, qu'ils agissent, qu'ils ordonnent, qu'ils commandent par la puissance de saint Pierre. A quoy on ne pouuoit respondre plus raisonnablement qu'en faisant voir que tant s'en faut que cela rabaisse saint Paul, qu'au contraire ces façons de parler establissent clairement son égalité auec saint Pierre, puis que les Papes aduoüent aussi bien qu'ils agissent par son autorité, que par celle de saint Pierre, comme on l'a prouué par vne infinité de passages anciens & nouueaux.

Mais quand cela ne seroit pas, & qu'il ne fallut considerer ces sortes d'expressions des Papes, que par elles mesmes, elles suffiroient pour persuader tous ceux qui chercheroiẽt plus la verité que la vanité dãs cette dispute. Car ce qu'on oppose en ce lieu, *qu'il s'ensuit donc semblablement que les Papes reconnoissent qu'ils ont receu la mesme autorité de la tres-sainte Vierge Mere de Dieu, & de tous les Saints ensemble. Et qu'ainsi il y a autant de Chefs égaux dans l'Eglise, qu'il y a de Saints; parce que les mesmes Papes lors qu'ils agissent comme Chefs, disent qu'ils agissent par l'autorité de tous les Saints, & de la part de la sainte Mere de Dieu*: c'est vn argument, ou plustost vn Sophisme, qui n'est bon que pour surprendre ceux qui ne considerent les choses que par l'escorce & par la premiere apparence. Car encore que les Papes escriuent quelques-fois qu'ils agissent *par l'autorité de saint Pierre & de saint Paul, & de tous les Saints*, il ne s'ensuit pas qu'ils entendent que cette autorité

Pag. 15.

est à tous les Saints en la mesme maniere, qu'elle est à saint Pierre & à saint Paul; & qu'ils agissent par l'autorité des Saints, comme par celle des deux Apostres; non plus que quand ils declarent qu'ils agissent *par la puissance de Dieu & de son Esprit, & par celle de saint Pierre & de saint Paul*, ils ne signifient pas qu'elle appartient à saint Pierre & à saint Paul, comme aux personnes diuines, & qu'ils l'ont receuë d'eux en la mesme maniere qu'ils l'ont receuë de Dieu mesme. Ce sont des degrez & des differences tres-grandes, qu'il ne faut point confondre, si on ne se veut declarer ennemy de la verité & de la Religion, aussi bien que de la sincerité & du iugement.

Dei omnipotentis, & beatorum Apostolorum principum Petri & Pauli, nec non & Spiritus sancti per nos iudicio, &c *Nicol I. ep 10. ad Episc. Constant. sedi subiectos.*

Pour sçauoir en quel sens les Papes entendent qu'ils agissent par l'autorité de saint Pierre & de saint Paul, & en quel sens ils agissent par l'autorité des Saints & de la Vierge; & combien leur pensée & leur intention est differente dans vne mesme sorte d'expression, dont ils vsent quelques fois; il faut considerer qu'ils s'expliquent eux-mesmes tres-clairement, lors qu'ils disent qu'ils agissent par l'autorité de saint Pierre & de saint Paul, *comme tenans leur place*, comme *estans assis dans leur siege*; dans *leur throsne*, & dans *leur Eglise*; comme estans *leurs enfans*, *leurs heritiers*, *leurs successeurs*, *leurs vicaires*; comme *ayant receu leur puissance par eux*, comme *possedant le pouuoir de lier & de délier qui leur a esté commis par eux*; & enfin comme representant leur propre personne, en sorte que c'est *saint Pierre & saint Paul qui ordonnent*, qui condamnent & qui absoluent par leur bouche. Voilà le sens auquel les Papes disent qu'ils agissent *par l'autorité de saint Pierre & de saint Paul*: Et si nos aduersaires ne monstrent qu'ils veulent dire qu'ils agissent en la mesme maniere par l'autorité des Saints, en faisant voir par leurs tesmoignages qu'ils adouënt *qu'ils ont receu leur autorité par les Saints & par la Vierge*; qu'ils *tiennent leur place sur la terre*; que la puis-

Auctoritate principum Apostolorum Petri & Pauli fulti, quorum vice, quamuis indigni, fungimur. *Greg. VII. lib 1. ep. 34. ad Remedium Episcopum.*

Ἐὰν τῇ παραδόσει τῆς ὀρθοδόξου πίστεως τῆς ἐκκλησίας, τοῦ ἁγίου Πέτρου καὶ Παύλου τῶν κορυφαίων Ἀποστόλων ἐξακολουθήσῃ, καὶ ἐναγκαλίσηται τοὺς βικαρίους αὐτῶν, καθὼς καὶ οἱ ἐξ ἀρχῆς προηγησάμενοι βασιλεῖς καὶ ἐτίμησαν τοὺς βικαρίους αὐτῶν. *Adrian. I. ep. ad Constant. & Iren. in Synodo VII. ad act.*

sance de lier & de délier *leur a esté commise par eux*; qu'ils sont *assis dans le siege & dans le throsne de la Vierge & des Saints*; s'ils ne verifient, dis-je, toutes ces choses, & par des textes aussi clairs que ceux qu'on produit pour saint Pierre & pour saint Paul, c'est en vain qu'ils cherchent des lieux où les Papes disent qu'ils agissent par la Vierge & par les Saints, afin d'obscurcir l égalité de ces deux Apostres, abusant du son des paroles & de l'ambiguité des termes pour confondre & pour destruire les veritez & les pensées tres differentes qu'ils contiennent. S'ils auoient leu le Liure de la Grandeur de l'Eglise Romaine auec la disposition & l'indifference qui est necessaire pour iuger sainement des choses, & pour s'en instruire lors qu'on ne les sçait pas, ils ne fussent pas tombez dans cét equiuoque & dans ce paralogisme; & ils eussent appris du Cardinal de Cusa, *Que ce n'est pas sans mystere que le Pape lie & déte par l'autorité des deux Princes de l'Eglise saint Pierre & saint Paul, comme estant le successeur vnique de tous les deux, ces deux Princes n'ayant fondé qu'vn mesme siege, & vn mesme Episcopat, afin que l'Eglise vniuerselle deuant estre assemblée des Iuifs & des Gentils, il n'y eust qu'vne seule Principauté dans vn seul Episcopat, & qu'ainsi l'Eglise de Iesus-Christ demeurast tousiours vne.* Ils eussent encore appris du Pape Innocent III. expliquant la coustume qui s'obserue encore auiourd'huy depuis tant de siecles d'appuyer l'autorité des Bulles des Papes de celle de saint Pierre & de saint Paul, en representant leurs testes dans ces Bulles, *Que l'Eglise Romaine a receu en la personne de ces Apostres l'autorité sur toutes les Eglises du monde, & que nos Bulles*, dit ce Pape, *qui traittent de toute la Chrestienté, portent grauées pour cette raison les deux testes de ces deux Saints.*

Pro quibus Patribus (Petro & Paulo) nos nati sumus filij, & constituti principes super omnem terram, id est super vniuersam Ecclesiã. *Nicol I ep. 8 ad Michael Imp.*

SS Petre & Paule, in throno vestro valde indignus sum collocatur. *Greg VII in Cai Rom. 7* Ad vestram specialem Ecclesiã redii. *ibid.* &c Sedes Apostolica, in qua beatorum Petri ac Pauli semper autoritas viuit *Ioan. VIII. ep. 234.*

Autoritate beatorũ Apostolorum Petri & Pauli, & ea quam nos indigni per eos suscepimus, absolutus, &c. *Greg. VII lib. 4. ep. 8. ad Ep Tusc.* Vos Patriarchatus, Archiepiscopatus, Episcopatus frequenter tulistis prauis & indignis, & religiosis viris dedistis. *Idem in Cai Rom. VII.* Hunc vobis cum Petro Paulus remittit, &c. *Ioannes VIII. ep. 11. ad Carol Imp &c.*

Nec mysterio caret, Romanus Põtificem autoritate principum Petri & Pauli ligare & soluere, in quantum horum vnicus successor existit, & ambo principes vnius sedis & Episcopatus titulum erexerunt, vt in vniuersa Ecclesia ex Iudæis & gentilibus congreganda, tunc vnus principatus in vno Episcopatu ac vna Christi Ecclesia existeret. *Card. Cus. ep. 2. ad Bohem.* In persona eorum Romana Ecclesia autoritatem super vniuersas Ecclesias accepit. Vnde & Bulla nostra, per quam totius negotia Christianitatis aguntur, capitum ipsorum charactere præsignatur. *Innocent. III. lib. 1. ep. 234.*

Mais s'ils euſſent eſté nourris dans la doctrine de S. Auguſtin, qui eſt celle de l'Eſcriture ſainte, ils n'auroient pas ignoré la raiſon pourquoy les Papes diſent qu'ils agiſſent par la Vierge & par les Saints; & ils auroient veu que cela ne porte aucun preiudice à la primauté de ſaint Pierre & de ſaint Paul. Car cela eſt venu de ce que l'Egliſe Romaine & les Papes, qui ont touſiours fait gloire de ſuiure les maximes de cét Aigle des Docteurs, & de n'en reconnoiſtre point d'autre dans l'Egliſe, ont appris de ce Saint, que comme tout le corps de l'Egliſe n'eſt animé que d'vn meſme eſprit; ainſi cét eſprit reſpandu dans tous les membres de ce corps, les fait agir & contribuer à toutes les œuures & à toutes les fonctions qu'il y produit, & particulierement aux principales & aux plus importantes, comme celle de lier & de délier les pecheurs, & à toutes celles du Chef de l'Egliſe. Car ſaint Auguſtin enſeigne ſouuent que les pechez ne ſont remis dans l'Egliſe que par les pleurs & par les prieres des Saints, où pour vſer de ſes termes, *par le gemiſſement de la Colombe*, c'eſt à dire du ſaint Eſprit priant & gemiſſant dans les Saints, comme dit l'Apoſtre. C'eſt pourquoy il ne fait point de difficulté de ſouſtenir ſouuent en ce meſme ſens, que la puiſſance de lier & de délier n'a pas eſté donnée aux méchans, mais ſeulement aux bons; parce qu'encore que les méchans en ſoient les Miniſtres; Dieu neantmoins n'en accorde l'effet qu'à la charité, & aux merites des Saints, le ſaint Eſprit qui habite en eux produiſant toutes choſes dans l'Egliſe. Ce qui n'empeſche pas que comme le ſaint Eſprit n'eſt pas en meſme degré dans tous les membres de l'Egliſe, & dans tous les Saints; il n'agiſſe auſſi differemment par eux en gardant l'ordre & la proportion qu'il y a eſtably luy meſme. Car ayant voulu que les vns y tinſſent lieu de membres inferieurs, & les autres de teſte, d'yeux, de bouche, d'oreille, ſelon le diſcours

Tota hoc mater Eccleſia, quæ in Sanctis eſt, facit; quia tota omnes, tota ſingulos parit. *S. Aug. ep. 23.*

Cùm peccatori veraciter ad Deũ conuerſo peccata dimittuntur, ab eis dimittuntur, quibus ipſe veraci conuerſione coniungitur. *Idem lib. 6 de bap c. 4.*

Tales (mali) remiſſam peccatorum non dabant, quę per orationes ſanctorum, id eſt per columbæ gemitus datur, quicumque baptizet. *S. Auguſt. lib. 3. de bap. c. 18. & 17. & lib 5. c. 20. 21. 22. &c.*

Non malignis ſed bonis filiis dictũ eſt: ſi cum dimiſeritis peccata, dimittentur ei, ſi cui tenueritis, tenebuntur. *Idem lib. 6. de Bapt. c. 1. & 24.*

Remittendi peccata poteſtatem homicidæ non hade l'Apostre; il agit aussi en vne maniere plus excellente par les vns que par les autres; les vns ne receuans de luy que les seuls mouuemens & impressions de charité, par laquelle ils cooperent aux fonctions de toute l'Eglise; & les autres receuant outre cela de luy vne puissance & vne autorité speciale, qui est celle des Superieurs & des Chefs, par laquelle ils concourent à ces mesmes fonctions en vne maniere plus parfaite & plus excellente que le commun des fidelles & des Saints. Car comme tous les Chrestiens generalement sont Prestres & ont receu cette Prestrise generale par le saint Esprit, qui leur a esté donné au Sacrement de Confirmation; ils cooperent en cette qualité à toutes les actions du Ministere de l'Eglise & mesme au Sacrifice: quoy qu'il soit vray qu'il y a encore dans l'Eglise vn Sacerdoce particulier & plus accomply, qui est conferé par vn don & vne plenitude particuliere du saint Esprit au Sacrement de l'Ordre, où les Prestres & les Ministres de l'Eglise reçoiuent vne puissance & vn charactere particulier pour agir dans les fonctions Ecclesiastiques auec plus de force & d'efficace que les autres membres de l'Eglise, qui n'y ont part qu'à proportion de ce Sacerdoce general, qui est sans comparaison au dessous de celuy des Prestres & des Euesques, bien que l'vn ne produise rien que dans la societé & dans l'vnion de l'autre, & qu'ils ne fassent tous deux ensemble qu'vn mesme Sacerdoce parfait, & vn mesme Prestre; qui est Iesus-Christ dans son corps qui est l'Eglise. C'est en ce sens que les Papes ont dit quelques-fois qu'ils agissoient, qu'ils lioient, & absoluoient non seulement par l'autorité de saint Pierre & de saint Paul, mais aussi par celle de la Vierge & des Saints, sans blesser pour cela l'autorité éminente & particuliere de ces deux Apostres, & sans la méler & la confondre auec celle des autres Saints, qui n'est que dans leur vertu & dans leurs

bent, id est qui oderunt fratrem. Non enim talibus dictum est, si cui dimiseritis peccata, dimittentur ei: & si cui tenueritis, tenebuntur. *Idem lib. 7. cap. 12.*

Petra tenet, petra dimittit; columba tenet columba dimittit; vnitas tenet, vnitas dimittit. *Idem Ibid. lib. 3. cap. 18. &c.*

merites, comme ces Messieurs veulent faire. C'est pourquoy ils expriment quelques-fois cette difference en disant qu'ils agissent par *l'autorité de saint Pierre & de saint Paul*, & *par le merite des Saints* : comme il se void dans ces paroles de Gregoire VII. absoluant le Roy d'Espagne : *Dieu tout-puissant qui a crée & qui gouuerne toutes les choses, qui ordonne de toutes les dignitez en vne maniere ineffable, & qui donne le salut aux Roys, vous absolue & tous vos sujets de tous vos pechez, en Iesus-Christ*, PAR LES MERITES DE NOSTRE DAME *Mere de Dieu, & de tous les Saints*, & PAR L'AVTORITE' DES BIEN-HEVREVX APOSTRES *saint Pierre & saint Paul*, QVI NOVS A ESTE' COMMISE PAR EVX *en la maniere qu'il a pleu à Dieu, quoy que nous en soyons indignes.* Il tesmoigne donc qu'il n'absout ce Prince que *par les merites de la Vierge* & des Saints; mais qu'il l'absout outre cela *par l'autorité de saint Pierre & de saint Paul, qui luy a esté commise par eux.* Ce qu'il ne dit point de la Vierge, ny des autres Saints. Et pour cette raison il escrit ailleurs plus clairement & plus distinctement, qu'il agit non seulement par le merite, mais aussi par l'autorité & par la puissance de ces deux Apostres, absoluãt vn autre Roy en ces termes : *Dieu qui est riche & abondant en misericorde, vous absolue* PAR LES MERITES ET PAR L'AVTORITE' DES APOSTRES S. PIERRE ET S. PAVL, ET LA NOSTRE QVI NOVS A ESTE' DONNEE PAR EVX, *encore que nous en soyons indignes.* Ainsi il ne reste plus aucun lieu de pointiller dans vne chose si claire, la difference du sens auquel les Papes disent qu'ils agissent par la Vierge & & par les Saints, & de celuy auquel ils disent qu'ils agissent par saint Pierre & par saint Paul estant trop visible. Et ie m'asseure que si ces Messieurs l'eussent mieux considerée, ils n'eussent eu garde de nous donner la peine de la leur representer auec cette estenduë, qui est toute-fois necessaire pour détromper & pour instruire ceux qui n'ont pas la veuë

Omnipotẽs Deus, omnium rerum creator & rector omniumque dignitatum ineffabilis dispositor, qui dat salutem Regibus meritis altissimæ Dominicæ genitricis Dei Mariæ, omniumque Sanctorum, auctoritate Beatorum Apostolorum Petri & Pauli, nobis, licet indignis, per eos qualitercumque commissa te tuosque fideles in Christo ab omnibus peccatis absoluat.
Greg. VIII lib. 9. ep 2 ad Reg. Hisp.

Deus omnipotẽs, qui diues & copiosus est in misericordia, meritis & auctoritate Apostolorum Petri & Pauli, & nostra, per illos nobis, licet indignis, diuinitus concessa, absoluat te.
Idem lib. 6 ep. 13. ad Olauum Noruechorum Regem.

de l'esprit assez ferme pour discerner la verité de la vraye semblance, & la lumiere du faux iour & des ombres.

REMARQVE XIII.

Explication de la raison pourquoy il n'y peut plus auoir deux Chefs de l'Eglise, laquelle on tasche en vain d'ébranler en la déguisant auec tres-peu de sincerité & d'intelligence.

LEs seuls termes dont ces Docteurs vsent dés l'entrée de cét article, monstrent le peu de cas qu'il faut faire de leur objection. Ils disent *qu'on ne trouue pas que* ceux qu'ils veulent reprendre, *se deffendent bien de cette consequence qu'on leur oppose, que s'il y a eu d'abord selon l'institution de Iesus-Christ, deux Chefs égaux qui n'en faisoient qu'vn dans Rome, il y en pourroit encore auoir deux de mesme.* Dans ces paroles premierement ils embroüillent la matiere & imposent à leurs aduersaires en proposant en general comme leur doctrine, *qu'il y a eu d'abord selon l'institution de Iesus-Christ deux Chefs égaux*; comme si Iesus-Christ auoit simplement institué qu'il y auroit deux Chefs égaux dans l'Eglise. Ce qui insinuë que cette institution n'estoit pas bornée à vn certain temps, mais qu'elle estoit semblable aux autres que Iesus-Christ a faites pour establir l'ordre de son Eglise, lequel durera autant que l'Eglise mesme ; & qu'ainsi cette institution porte, ou pour le moins n'empesche pas, qu'il n'y puisse auoir encore auiourd'huy deux Chefs de l'Eglise & deux Papes. Car s'ils presupposoient qu'on a dit que l'Eglise est contraire à l'institution de Iesus Christ, & qu'il a tellement ordonné qu'il y auroit deux Chefs égaux au commencement du Christianisme, qu'il a voulu que cela ne

Pag. 16.

pûst

pûst iamais plus arriuer dans la suitte des temps, comme le Liure de la Grandeur de l'Eglise Romaine l'enseigne ; il n'y auroit plus de lieu d'alleguer des raisons & des coniectures, comme ils font, pour prouuer qu'vne chose peut estre encore auiourd'huy dans l'Eglise contre la volonté formelle & contre l'institution expresse de Iesus-Christ. Voilà le premier déguisement, qui découure la foiblesse de cette Remarque.

En second lieu pour voir auec quelle raison ils asseurent que l'Auteur du Liure de la Grandeur de l'Eglise Romaine ne s'est pas bien deffendu de cette consequence, *Que s'il y a eu d'abord deux Chefs égaux, il y en pourroit encore auoir deux de mesme* ; il ne faut considerer que deux responces de l'Auteur sur ce point: dont la premiere est, que n'ayant entrepris que de rapporter simplement les sentimens des Peres touchant l'égalité de saint Pierre & de saint Paul ; & l'ayant prouuée par vne infinité de passages indubitables, il est entierement déraisonnable de luy opposer des raisonnemens & des consequences. Car il n'y a si petit Theologien qui ne sçache le peu d'égard qu'il faut auoir aux consequences que les hommes forment dans les questions de fait, & principalement dans les institutions diuines, qui ne doiuent estre mesurées ny par nos volontez, ny par nos pensées, mais par les pieces authentiques de l'Escriture & de la tradition ; puis que ce sont elles seules qui ne nous peuuent pas trõper en nous representant les ordonnances de Dieu, dont elles sont les fidelles témoins & les depositaires. De sorte que l'Auteur est si fort en cét endroit, & il y a si peu de sujet d'apprehender la *consequence* dont ces Docteurs font si grand cas, qu'il n'a besoin d'autre chose pour la renuerser que de ce qu'ils declarent eux-mesmes, que c'est vne *consequence*, puis qu'il s'ensuit de là qu'il n'est pas seulement obligé d'y respondre en particulier, ny de la

Pag. 16.

Pag. 20. 636. & in epist. pag. 59. &c.

considerer en façon quelconque. Car ceux qui parlent d'eux-mesmes, & qui aduancent des choses qui ne sont fondées que sur leurs propres Meditations, sont responsables des consequences & des suites qu'on leur peut objecter. Mais ceux qui ne font que rapporter ce qu'ils trouuent dans les Liures de l'Eglise & des Saints, ne doiuent estre garans que de la fidelité de leurs allegations; & tous les raisonnemens qu'on leur sçauroit opposer vont plutost contre les Peres & contre l'Eglise, que contre ceux, qui ne sont qu'interpretes de leur doctrine.

Ce qui est d'autant plus considerable en ce point que l'Auteur ne s'est pas contenté de iustifier par vn nombre innombrable de passages de tous les siecles, que saint Pierre & saint Paul ont esté vnis par Iesus-Christ dans la qualité suprême de Chef de l'Eglise; mais il a encore prouué par le consentement des mesmes Peres, que comme Iesus-Christ a voulu, qu'il y eust au commencement deux Chefs & deux Euesques de Rome, il a voulu aussi qu'il n'y en eust iamais plus deux semblables iusques à la fin du monde. D'où il s'ensuit qu'il faut necessairement que le raisonnement de ces Messieurs soit defectueux & Sophistique, & qu'ils abusent par ignorance ou par malice de la proposition qu'ils combattent, puis que la conclusion qu'ils en tirent est aussi directement opposée à l'intention & aux declarations formelles des Peres, que la proposition de laquelle ils la tirent est conforme aux sentimens des mesmes Peres.

Liu. 4. chap. 13.

La seconde response de l'Auteur à cette consequence est, qu'il n'y a aucune apparence de pretendre que si Iesus-Christ a fait deux Chefs égaux au commencement de l'Eglise, il s'ensuiue que l'Eglise peut faire la mesme chose dans tous les siecles suiuans. Car cette maniere d'argumenter n'est pas seulement contraire aux principes de la Theologie, & indigne des moindres Theologiens, & capable de

Liu. 4. ch. 12. p. 232. 233. &c.

reuerſer tous les myſteres, & introduire vne confuſion generale dans l'Eſtat de l'Egliſe; mais elle eſt encore tres propre pour ruiner toute la Religion, & fauoriſe l'impieté & l'atheïſme; puis qu'elle preſuppoſe qu'il n'y a point de difference entre la puiſſance de Dieu & celle des hommes, & que Ieſus-Chriſt n'a point vne Majeſté & vne autorité plus éminente que ſes Miniſtres. Ainſi elle ne ruine pas ſimplement la Religion, mais auſſi l'Auteur de la Religion & Ieſus-Chriſt meſme, en le reduiſant au rang des hommes, & le dépoüillant de cette puiſſance ſuprême que les Theologiens appellent *puiſſance d'excellence.*

Ces deux ſeules reſponſes ſans parler des autres, qui ſe voyent dans le Liure de la Grandeur de l'Egliſe Romaine, monſtrent que cette conſequence dont on dit que l'Auteur *ne s'eſt pas bien defendu*, a eſté ſi puiſſamment deſtruitte & conuaincuë, non ſeulement de foibleſſe; mais auſſi d'extrauagance, qu'on auroit eu plus de raiſon de dire, qu'il eſt impoſſible de la defendre; puis que cette impoſſibilité a reduit ces Meſſieurs au ſilence, & qu'ils n'ont pas eu ſeulement le courage de repliquer à vne ſeule de ces raiſons, par leſquelles l'Auteur du Liure la renduë ſi mépriſable. Il faut bien que la maniere dont il s'eſt deffendu ſoit forte & éuidente pour fermer la bouche a des perſonnes qui teſmoignent n'auoir autre paſſion que de pointiller & de déguiſer les choſes les plus aſſeurées & les plus innocentes. De ſorte qu'au lieu de ſouſtenir leur premiere objection contre ces reſponſes principales de l'Auteur qui l'a ruinée auec tant dauantage, ils ſont contraints de l'abandonner, & de paſſer à vn autre, en s'attachant à l'vne des conſiderations qu'il a adiouſtées de ſoy-meſme pour rendre ce point plus clair & plus intelligible: ſur laquelle meſme ils forment des conſequences auſſi peu iuſtes, & auſſi contraires aux regles de la raison & du iugement, que celle pour la deffense de laquelle ils les proposent.

Car l'Auteur ayant marqué entre les raisons que Dieu a euës d'vnir saint Pierre & saint Paul dans la dignité de Chef de l'Eglise, la contrarieté des inclinations & des sentimens des Iuifs & des Payens, qui a fait qu'il leur a donné deux Pasteurs vniuersels pour les conduire auec la prudence & la moderation qui leur estoit necessaire ; ils prennent ce discours de telle sorte, qu'ils supposent qu'il n'a estably l'égalité de ces deux Apostres que sur la difference & l'incompatibilité des humeurs de ces deux Peuples. Et bastissant en suitte sur ce fondement ruineux, ils pretendent qu'il *a auoüé que si* CETTE MESME CAVSE, *qui selon luy a obligé de donner vn Chef à chacun de ces deux Peuples pouuoit encore arriuer, le mesme effet pourroit s'ensuiure. Mais qu'il nie qu'il puisse iamais arriuer* SEMBLABLE CAVSE. Et eux au contraire soustiennent qu'il y peut auoir tousiours des diuisions & des differens entre les Iuifs & les Gentils, & entre toute autre sorte de peuples aussi bien dans les siecles posterieurs, qu'il y en a eu au commencement de l'Eglise. D'où ils inferent que toutes les fois que ces peuples seront en mauuaise intelligence, on pourra créer plusieurs Pasteurs vniuersels pour les accorder ; & qu'ainsi *il pourroit encore arriuer qu'on auroit besoin de plusieurs Chefs Generaux, pour gouuerner des humeurs si differentes & toutes opposées les vnes aux autres, afin de les pouuoir reconcilier ensemble & ioindre en vn mesme corps de l'Eglise.*

Pag. 16.

Pag. 17.

Mais ce raisonnement est si foible, si defectueux, & si Sophistique, qu'il y a sujet de s'estonner qu'on ait esté si long-temps à le conceuoir & à le produire. Car il a tous les defauts dont vn raisonnement est capable, puis qu'il presuppose faux, & qu'il conclut mal en toutes ses parties : Et il est estrange qu'on ait peu faire tant de faussetez & de mauuaises consequences, pour en appuyer vne seule qui estoit desia ruinée sans resource.

On presuppose faussement que l'Auteur n'a fondé la dignité suprême de saint Pierre & de saint Paul que sur l'antipathie des Iuifs & des Payens, puis qu'il en a allegué d'autres raisons plus importantes, comme nous le verrons peu apres. On presuppose faussement qu'il a *aduoüé que si cette mesme cause*, c'est à dire quelque diuision semblable à celle des premiers Iuifs, & des premiers Gentils POVVOIT ENCORE ARRIVER, elle pourroit estre suiuie du mesme effet, en sorte qu'il seroit permis aux hommes de créer auiourd'huy plusieurs Chefs semblables à saint Pierre & à saint Paul. On presuppose encore faussement qu'il a dit qu'*vne semblable cause*, c'est à dire vne alienation pareille à celle des Iuifs & des Payens de l'Eglise primitiue, ne pourra iamais arriuer entre les peuples qui seront dans le monde, l'experience de tous les siecles, & du nostre, plus que des autres, faisant voir si clairement le contraire, que pour attribuer à vne autre pensée si esloignée, du sens commun, il ne faut pas estre guiere moins aueugle, que la conçeuoir & pour l'approuuer soy-mesme.

Tout ce que l'Auteur du Liure de la Grandeur de l'Eglise Romaine a dit, est, que si toutes les raisons & toutes les circonstances, qui ont porté Dieu à creér saint Pierre & saint Paul Chefs de l'Eglise, se pouuoient rencontrer auiourd'huy toutes ensemble, il y auroit vn peu plus d'apparence de conclure que le mesme Dieu pourroit establir encore à present deux Chefs de l'Eglise qui leur fussent semblables. Voicy ces paroles : *Si donc on veut conclure qu'il y peut encore auoir deux Chefs, parce qu'il y en a eu deux au commencement : Qu'on fasse renaistre les mesmes circonstances qui ont obligé Iesus-Christ à garder cét ordre dans l'establissement de l'Eglise; Qu'on diuise ces deux peuples qu'il a ioints ensemble:* Pag. 618.

Qu'on des-vnisse ces deux murailles qu'il a reünies : Qu'on fasse vn nouueau peuple de Dieu, comme estoit celuy des Iuifs, de nouueaux Payens, vn nouueau saint Pierre, vn nouueau S. Paul, vne nouuelle Eglise de Rome à fonder; & apres cela nous accorderons qu'il pourra arriuer, que Dieu fasse encore auiourd'huy ce qu'il a fait vne seule fois, il y a seize cens ans, ayant les mesmes raisons de le faire qu'il auoit alors. Ce discours ne parle point de la seule alienation des Iuifs & des Payens, comme presupposent ces Docteurs Il n'auouë pas aussi que les hommes pourroient faire en quelque cas deux Chefs égaux aux deux premiers Apostres, comme ils imputent faussement à l'Auteur. Mais seulement il leur accorde pour representer d'auantage l'excez de leur raisonnement, que si les choses pouuoient estre auiourd'huy en l'estat où elles estoient au commencement de l'Eglise, & que les mesmes causes qui ont meu Iesus Christ à donner à saint Pierre & à saint Paul l'autorité vniuerselle sur toute l'Eglise, pûssent renaistre en nos iours, il y auroit plus de sujet de conclure, que, non les hommes ny l'Eglise qui n'est composée que d hommes sur la terre, mais le mesme Dieu & le mesme Iesus Christ qui a creée saint Pierre & saint Paul, pourroit encore creéer deux Chefs & deux Princes de l'Eglise vniuerselle. Il n'a pas mesme dit absolument qu'il le feroit, mais seulement qu'il le pourroit faire, sçachant que les raisons qui obligent Dieu à tenir vne conduite en vn temps, ne l'obligent pas à la tenir en vn autre temps ; & que les effets de sa Prouidence & de sa Misericorde sont tousiours libres & dependent absolument de sa volonté, & non de la proportion & de la disposition des creatures.

Mais quoy que toutes ces faussetez renuersent de fonds en comble le discours de nos aduersaires, & les rendent eux mesmes entierement inexcusables ; ils le paroistront encore dauantage si nous faisons voir, que quand mesmes on leur accorderoit tant de faussetez si claires, & qu'on les passeroit pour des veritez asseurées, ils n'en sçauroient prouuer aucune de leurs consequences ny conclure raisonnablement qu'on pourroit creéer encore à present plusieurs Chefs de l'Eglise comme saint Pierre & saint Paul, soit en faueur des Iuifs & des Gentils, soit en faueur de tous les autres peuples, comme ils pretendent contre toute sorte d'apparence.

Car il y a grande difference entre les Iuifs & les Payens de l'Eglise naissante, & entre les peuples des siecles posterieurs; qui ne meriteront iamais d'estre considerez & d'estre traittez de Dieu d'vne façon si fauorable & si aduantageuse, que les Iuifs & les Payens du commencement du Christianisme. Car l'Eglise Iuifue deuoit estre la source & la racine de l'Eglise Payenne, & comme la tige & le tronc qui la deuoit porter, & sur laquelle elle deuoit estre entée, comme dit l'Apostre. Et l'Eglise Payenne deuoit remplir toute la terre, & toute la *Rom. 11.* suite des siecles, & faire elle seule toute l'Eglise de Dieu apres l'abandonnement des Iuifs iusques à la fin du monde. Et ainsi il ne faut pas s'estonner si Dieu a eu tant de soin de conseruer & de ménager ces deux Eglises, & de leur donner à chacune vn Chef aussi grand & d'vne autorité aussi éminente que saint Pierre & saint Paul, pour empescher qu'elles ne se perdissent & ne s'estouffassent dés leur naissance par l'émulation & l'auersion qu'elles auoiēt l'vne contre l'autre, & que leur rupture ne causast la ruine generale de la Religion, en ruinant la source du Christianisme qui estoit l'Eglise Iuifue, & en ruinant le fruit & la perfection du Christianisme qui estoit l'Eglise Gentile. Ce qui est clair qu'on ne sçauroit dire d'aucun des Peuples & des Nations qui composent l'Eglise, & qui sont auiourd'huy dans l'Vniuers.

Mais pour voir encore dauantage combien la consequence que ces Messieurs estiment tant, est égarée & absurde, il faut considerer, que quand il seroit vray, qu'on pourroit créer des Conducteurs & des Superieurs differens pour gouuerner les peuples diuers du Christianisme toutes les fois qu'ils seroient diuisez de sentimens & d'interest, comme Dieu crea saint Pierre & saint Paul, pour empescher les maux qui estoient à craindre de la diuision des Iuifs & des Payens ; non seulement il ne s'ensuiuroit pas qu'il leur faudroit donner des Chefs vniuersels semblable à saint Pierre & à saint Paul, mais il s'ensuiuroit plutost le contraire. Car les peuples qui sont auiourd'huy dans l'Eglise estans tous particuliers, & bornez dans certains pays, & non pas vniuersels & estendus dans tout le monde, comme les Payens & les Iuifs l'estoient au commencement de l'Euangile, selon l'Escriture, qui témoigne qu'il y auoit des Iuifs *dans toutes les Nations qui sont sous le Ciel*; il est contre toute sorte de raison de s'imaginer que chacun de ses peuples pûst auoir besoin pour sa conduite d'vn Pasteur vniuersel, qui eust pouuoir sur toute la terre, comme saint Pierre & saint Paul. Et ainsi tant s'en faut que l'exemple de ces deux Apostres serue pour conclure qu'on peut élire auiourd'huy plusieurs Papes, pour gouuerner ces Peuples, qu'il sert au contraire pour prouuer qu'on ne le peut pas, & que cela n'est pas seulement faux, mais aussi entierement impossible. Cette maniere d'argumenter auroit plus de couleur & choqueroit moins le bon sens, si on en vsoit pour prouuer qu'on peut establir des Patriarches sur chacune des nations Chrestiennes, selon la Doctrine que les ennemis les plus passionnez du Liure de la Grandeur de l'Eglise Romaine ne condamnent point, quoy que le Pape l'ait condamnée publiquement comme Heretique & Schismatique, & comme destruisant entierement l'autorité du saint Siege. Il est

Act. 2.

Doctrine du P. Rabardeau Iesuite, qu'on peut créer en France vn Patriarche condamnée par le S. Siege.

Il eſt donc éuident qu'il n'y a nulle apparence d'inferer que ſi ſaint Pierre & ſaint Paul ont eſté faits Chefs vniuerſels de l'Egliſe pour gouuerner les Iuifs & les Payens dans leur diuiſion & dans leur meſ-intelligence ; on pourra de meſme faire pluſieurs Papes, en faueur de tous les peuples des Prouinces Chreſtiennes, qui ſe trouueront deſ-vnies & dans vne oppoſition ſemblable. Et il eſt aisé de monſtrer encore par les meſmes raiſons, que cette conſequence n'eſt pas moins clairement fauſſe & eſloignée de la lumiere du iugement, pour le regard des Iuifs & des Payens, pour leſquels Dieu fit autrefois vne choſe ſi extraordinaire.

Car depuis le temps des Apoſtres les Iuifs n'ont plus eſté eſtendus dans toutes les Prouinces du monde. Ils n'ont plus partagé comme auparauant toutes les Egliſes Chreſtiennes : Et leur nombre a eſté viſiblement diminué auec leur vertu & leur pieté, ſuiuant la malediction dont Dieu les auoit ſi ſouuent menacez par ſes Prophetes : & il eſt clair qu'il ne s'en void auiourd'huy preſque aucun dans vne grande partie des Prouinces de l'Europe. De ſorte que n'eſtant plus vn peuple vniuerſel, & ne compoſant plus vne Egliſe reſpanduë dans toute la Terre, ils ne peuuent plus auoir beſoin d'vn Paſteur vniuerſel ſemblable à S. Pierre ou à S. Paul pour les conduire, comme dans la naiſſance du Chriſtianiſme.

Il eſt clair auſſi qu'ils ne doiuent plus eſtre la ſource & l'origine de l'Egliſe des Gentils, puis qu'ils ne ſont plus eux-meſme vne Egliſe, ny ſeulement parties de l'Egliſe, & que les Gentils ſont deuenus ſeuls le peuple de Dieu, & l'Egliſe de Dieu. Et ainſi Dieu n'a plus maintenant la raiſon qu'il a euë autre-fois de les proteger & de les conſeruer en leur donnant vn Chef pareil à ſaint Pierre, comme à la tige qui deuoit produire & ſouſtenir l'Egliſe Payenne.

Outre qu'il ne s'enſuit pas que Dieu les ayant traitez vne fois auec tant d'honneur & de bonté, il sera obligé de leur faire vne seconde fois la mesme grace, apres qu'ils ont abusé de la premiere. Il n'y a personne qui ne sçache que les premiers bien-faits & les premieres faueurs de Dieu sont tousiours plus grandes & plus particulieres que les secondes; & que les Chrestiens mesmes qu'il conuertit apres leur cheute par vne clemence infinie, ne reçoiuent pas les effets de sa misericorde auec vne aussi grande abondance dans le Sacrement de la Penitence, qui l'ont receuë auparauant celuy du Baptesme.

Rom. 11. Et d'ailleurs nous sommes asseurez que Dieu a resolu de ne pas conuertir les Iuifs iusques à la fin du monde, & de punir l'orgueil qu'ils ont eu de se voir le peuple de Dieu, lors que les Gentils estoient le peuple du Diable, en permettant qu'ils soient le peuple du Diable, lors que les Payens sont le peuple de Dieu. De sorte qu'il n'y a nul sujet de s'imaginer qu'on puisse faire auiourd'huy vn second saint Pierre, ou vn second saint Paul, pour les conuertir & & pour les reünir au corps de l'Eglise, puisque nous sçauons que cela est entierement opposé aux desseins de la Prouidence & des iugemens ineffables de la iustice diuine.

Gal. 3. Enfin il est impossible qu'il soit necessaire de creér en ce temps deux Chefs suprêmes pour conduire deux peuples & deux Eglises de Dieu, comme au temps des Apostres, puis que Dieu n'a plus qu'vn seul peuple & vne seule Eglise, & n'en aura iamais qu'vne seule, selon la parole de saint Paul, *Qu'il n'y a plus aucune difference de Iuifs & de Gentils, d'esclaues & de libres, parce qu'ils sont tous vne mesme chose en Iesus-Christ*. Car les Iuifs ne sont plus receus dans l'Eglise, & n'y seront pas receus à la fin du monde pour y former vn corps à part & vne Eglise Iuifue distinguée de l'Eglise Payenne par vne maniere de viure & des ceremonies toutes differentes, comme au commencement de l'Euangile; mais ils y ſont receus maintenant en particulier, & le ſeront alors tous enſemble & en corps, pour y viure cõme les autres fidelles dans vne ſocieté & vne vnité auſſi bien exterieure qu'interieure, ſans aucune diuerſité de loix, de couſtumes & d'obſeruations Religieuſes, qui les ont diuiſez autre-fois en deux peuples & en deux Egliſes. Car ces ceremonies & ces pratiques ne ſeront iamais plus reſtablies parmy les fidelles; & la liberté de l'Euangile qui a eſté eſtablie par leur abolitiõ, ne ſera iamais plus combatuë parmy les meſmes fidelles. Et ainſi Dieu n'ayant plus qu'vn peuple & qu'vn troupeau, depuis que ces deux peuples ſont deuenus vn meſme peuple, vn meſme troupeau, & vne meſme choſe dans l'Egli-Romaine; il eſt éuident que la raiſon qu'il a euë de creér deux Chefs de l'Egliſe pour vnir de la ſorte ces deux peuples, n'a plus lieu auiourd'huy; & qu'il ne s'agit maintenant que de conſeruer ce peuple & ce troupeau vnique, & d'y receuoir tous ceux qui en ſont eſloignez, ſoit Iuifs, ſoit Payens, pour y eſtre membres de ce meſme peuple & de ce meſme troupeau vnique, & y viure ainſi ſous la conduite & ſous l'obeyſſance d'vn meſme Paſteur & d'vn Chef vnique, qui eſt l'Eueſque de Rome.

Toutes ces choſes monſtrent aſſez, ſi ie ne me trompe, au moins clair-voyans & aux moins habiles, le mépris qu'il faut faire de cette conſequence, que nos Docteurs teſmoignent eſtimer plus qu'elle ne merite, puis qu'elle eſt ſi remplie de toute ſorte de deffauts, qu'il eſt mal-aiſé d'en rencontrer vne plus irreguliere, & plus égarée de quelque coſté qu'on la conſidere.

Mais l'vne des principales fautes de leur raiſonnement, & qui leur doit moins eſtre pardonné, eſt cette fauſſe ſuppoſition qui luy ſert de fondement, & dont nous les auons deſia repris, Qu'on n'allegue aucune autre raiſon de ce que ſaint Pierre & ſaint

Paul ont esté esleuez à la dignité suprême de l'Eglise, que la des-vnion & la contrarieté d'humeurs des Iuifs & des Payens. Car cela est si peu vray, & le Liure de la Grandeur de l'Eglise Romaine, est si esloigné de dire que l'esleuement de ces deux Apostres a esté fondé sur cette seule cause, qu'il ne l'a pas mesme considerée comme vne raison principale, mais comme vne suitte du dessein que Dieu auoit dans cét establissement pour le bien & pour le reglement de toute l'Eglise en general, & de l'Eglise Romaine en particulier; en sorte que s'il n'eust pas eu ce dessein, l'alienation de ces deux Peuples, quand elle eust esté de beaucoup plus grande & plus violente, ne luy eust iamais fait faire deux Chefs Generaux de toute l'Eglise. Mais il vouloit honnorer le vieil Testament & les Ceremonies de la Loy, qu'il auoit luy mesme instituées, en donnant aux Iuifs l'vn des premiers Apostres pour les deffendre contre ceux qui les voudroient rejetter comme mauuaise; & condamner ainsi par aduance les erreurs qui deuoient naistre peu apres dans l'Eglise, & qui ont si long-temps combattu l'estat de l'ancienne Loy & de la Synagogue.

Liu. 4. ch. 7. p. 682. 603. &c.

Il vouloit aussi establir hautement la perfection de la Loy nouuelle & la liberté de l'Euangile parmy les Gentils, en leur donnant pour Chef vn Apostre qui ne fut pas moindre, que celuy qu'il auoit donné aux Iuifs, pour apprendre à toute l'Eglise & à tout le monde vne verité fondamentalle, qui auoit esté inconnuë iusques alors à tous les Saints & à tous les Prophetes, & aux Anges mesmes selon saint Paul, & qui estoit demeurée cachée dans la profondeur des secrets de Dieu, Qu'encore que l'estat de l'Ancienne Loy ne fut mauuais en soy, & qu'il eust esté bon pour vn temps, & institué de Dieu mesme, il deuoit neantmoins estre aboly, & n'estoit nullement necessaire au salut & à la pieté Chrestienne, qui ne

Liu. 4. ch. 8. 10. &c.

consistoit que dans la Foy & la Charité, & dans l'exercice des bonnes œuures, par lesquelles seules il falloit desormais discerner le peuple de Dieu, & non par les marques exterieures de la Loy & du Iudaïsme.

Et enfin il vouloit que l'Eglise Romaine fut fondée en suitte par ces deux Chefs des Iuifs & des Payens, & par ces deux Apostres si grands & si admirables, pour faire voir clairement & d'vne façon illustre & esclatante à toute la terre, que cette Eglise estoit la Mere commune de tous les peuples de la terre, & possedoit l'autorité & la puissance generale de les conduire, comme la fille aisnée, & l'heritiere vniuerselle de ces deux Apostres; & estouffer ainsi deuant leur naissance toutes les Heresies & les Schismes qui se sont esleuez depuis, & s'esleueront à l'auenir contre la grandeur de cette Eglise incomparable.

Voilà vne partie des raisons principales que Dieu a euës de creér saint Pierre & saint Paul Apostres des Iuifs & des Payens, c'est à dire Chefs & Pasteurs vniuersels de tout le monde, & sans lesquelles la seule antipathie de ces peuples ne l'eust iamais porté à faire vn establissement si extraordinaire, comme nos Docteurs se sont imaginez qu'on a voulu dire.

Mais pour leur fermer la bouche, par vne seule responce, qui est sans replique, & leur faire toucher au doigt la foiblesse de cette consequence, qui leur paroist si forte & si inuincible, ils considereront s'il leur plaist, qu'ils ne sçauroient nier que Dieu n'ait creé saint Paul Apostre des Gentils, comme il a creé saint Pierre Apostre des Iuifs; & qu'il ne l'ait fait pour soustenir ces deux peuples dans leur auersion mutuelle, & les reconcilier ensemble dans le mesme Corps de Iesus-Christ, qui est l'Eglise. Et neantmoins ils n'auoueront pas, ie m'asseure, qu'on puisse inferer de là qu'il sera encore permis d'establir de mesme des Chefs & des Conducteurs generaux lors qu'il y aura des peuples diuisez d'humeurs ou d'interests; comme l'Eglise en est auiourd'huy remplie; en sorte que chacun de ses peuples puisse demander vn Superieur & vn Chef semblable à saint Pierre ou à saint Paul. Il faut donc qu'ils reconnoissent qu'on ne peut conclure sans renuerser toute l'œconomie du Christianisme, qu'il soit permis faire en ce temps pour chacun des peuples de l'Eglise, ce que Dieu a fait au commencement pour les Iuifs & les Payens en la personne de saint Pierre & de saint Paul.

Ce qui est d'autant plus vray, qu'il a esté prouué dans le Liure de la Grandeur de l'Eglise Romaine que la qualité d'Apostre des Iuifs, & celle des Gentils enfermoient celle de Chef & de Pasteur vniuersel de toute la terre, laquelle ces deux peuples occupoient en telle sorte qu'ils se trouuoient meslez ensemble dans toutes les Eglises du monde. Et ainsi la qualité de Pasteur Oecumenique de toutes les Eglises estoit inseparable de celle de l'Apostre & de Chef de l'vn de ces deux peuples, laquelle Dieu donna à saint Pierre & à saint Paul selon saint Gregoire, qui appelle saint Paul en cette qualité *Chef des Gentils & Prince de toute l'Eglise*. Comme donc il n'y a nulle raison d'inferer qu'on peut faire auiourd'huy deux Apostres & deux Chefs des Payens & des Iuifs, sous ombre que Iesus-Christ a estably saint Pierre & saint Paul en cette sorte dans l'Eglise primitiue; il est aussi contre toute apparence de pretendre que ces deux Apostres ayant esté faits Chefs de l'Eglise par Iesus-Christ pour conduire ces deux peuples dans la naissance de l'Euangile; il y ait lieu d'inferer que l'Eglise pourra faire encore à present deux Chefs semblables pour ces deux peuples, & mesme pour toute autre sorte de peuples.

Paulus caput effectus est nationum quia obtinuit totius Ecclesiæ principatum. *S Greg lib. 4. in 1. Reg. c. 10.*

Aussi nous voyons par experience que depuis que les principaux desseins que Dieu a eu en creant ces deux premiers Chefs & ces deux Apoſtres ſuprêmes, ont eſté accomplis dans la fondation & dans l'eſtabliſſement de l'Egliſe Romaine, il n'a plus vsé d'vne bonté & d'vne condeſcendance pareille, ny enuers ceux qui ont formé d'autres partis & d'autres diuiſions dans l'Egliſe, ny enuers ceux qui ont voulu renouueller & rendre en quelque ſorte perpetuelle celle des premiers Iuifs & des Payens, ſoit en deffendant la neceſſité des ceremonies de la Loy, comme ont fait les Nazaréens, qui ſelon ſaint Auguſtin n'ont point eu d'autre erreur que celle dont ſaint Pierre fut repris par ſaint Paul dans Antioche; ſoit en condamnant cette meſme Loy comme mauuaiſe, ainſi qu'ont fait tant d'autres Hereſies dés le commencement de l'Egliſe. Car ces Heretiques n'eſtant plus excuſables apres que la verité auoit eſté reconnuë & publiée ſur cette matiere par l'autorité des deux premiers Apoſtres & par le conſentement de tout le Chriſtianiſme, ils ont eſté iuſtement abandonnez par la iuſtice diuine, comme indignes de toute ſorte de grace, & beaucoup plus de cette faueur & de cette miſericorde extraordinaire qu'il auoit témoignée enuers les Iuifs & les Payens de l'Egliſe naiſſante, y eſtant porté par tant de raiſons importantes qui n'ont plus eu lieu dans les ſiecles poſterieurs, & n'en auront iamais iuſques à la fin du monde.

S. Auguſt. lib. 7. de bap. cap. 1.

REMARQVE XIV.

Que les Peres mettent la mesme difference entre saint Paul & le Commun des Apostres, qu'entre ces Apostres & saint Pierre.

Confirmation de cette verité & de l'égalité de saint Pierre & de saint Paul par les principes mesmes des Auteurs des Remarques.

LA derniere attaque de ces Docteurs se reduit à cette distinction ordinaire qu'ils ont desia repetée tant de fois, & qui a esté si souuent refuté, quoy qu'ils le dissimulent, comme tout le reste, Que saint Pierre & saint Paul sont *égaux* dans *le ministere de l'Euangile*, & dans *la puissance de l'Apostolat*, mais non dans *la superiorité des Apostres, & de tous les Fidelles*, & dans *la dignité de Chef vniuersel de toute l'Eglise.* Pour se pouuoir seruir desormais de cette distinction auec quelque honneur, il falloit respondre à tant de passage des Peres qui l'ont rendu inutile, appellant saint Paul non seulement Apostre, mais *premier Apostre, Apostre suprême;* le *plus grand des Apostres; Prince des Apostres*; c'est à dire *Superieur des Apostres*, selon a nos aduersaires mesmes; *Chef des Apostres; Coryphée des Apostres*, c'est à dire selon eux-mesmes b *Chef des Apostres*; & generalement *Pere & Iuge de tout le monde; Pere & Prince commun de tous les seruiteurs de Iesus-Christ; Iuge & Pasteur de tout le genre humain; Chef & Prince de toute l'Eglise;* & luy donnant tous ces titres, & quantité d'autres semblables, conioinctement auec saint Pierre, & à luy seul sans saint Pierre, pour monstrer qu'ils luy appartiennent par vn droit tout semblable & entierement égal à celuy de saint Pierre.

Qui croiroit apres cela qu'on deust encore mettre en

Pag. 18.

a Monsieur de la Vaur, p. 54. & pag. 66

b le mesme, p. 83. Monsieur Habert. liu. 1 p. 18. Dom Pierre de S. Ioseph, p. 23. 25. &c.

en ieu cette belle distinction, Que saint Paul est esgal à saint Pierre dans la puissance de l'Apostolat, & non dãs la qualité de Chef & de Superieur des Apostres & de toute l'Eglise, sans oser seulement ouurir la bouche pour la soustenir contre tant de lieux qui l'ont renuersée par le consentement des Peres & de toute l'Eglise? Ce qui est d'autant plus estrange que cette distinction est tout le refuge de ces Messieurs, & le ressort vnique dont ils se seruent pour se défaire des passages qu'on leur oppose pour l'autorité de saint Paul & pour son égalité auec saint Pierre. De sorte qu'abandonnant ainsi ce seul moyen qui leur restoit de deffendre leur opinion, & aduoüant par leur silence forcé, qu'il n'y a plus de response pour le soustenir, & que tout ce qu'ils peuuent faire desormais c'est de le repeter & de le redire, pour empescher seulement qu'on ne croye qu'ils ont perdu la parole en perdant leur cause; il s'ensuit que leur doctrine est ruinée par ce fondement, & que ses ruines seruent de nouueau fondement à la verité, qui en deuient plus asseurée & plus esclatante.

Mais ils deuoient encore se ressouuenir de ce qu'on leur a dit plusieurs fois, qu'ils se sont formez vne fausse idée de la puissance Apostolique & du ministere de l'Euangile, s'imaginant que ce n'est qu'vn simple ministere, & vn simple pouuoir de prescher. Ce qui tient beaucoup plus des principes d'Antoine de Dominis, & des Heretiques de ce temps, qui reduisent à cét estat la dignité des Apostres, & le ministere de l'Euangile, le prenant pour vn simple ministere sans iurisdiction & sans superiorité, qu'à la doctrine des Peres qui enferment dans la qualité d'Apostre, & dans le ministere Apostolique toute la puissance & l'autorité de former & de gouuerner l'Eglise.

Ce qui trompe ces gens, c'est qu'ils voyent aujourd'huy quantité de Docteurs & de Predicateurs sans iurisdiction, & sans autre pouuoir que de parler & de prescher les peuples. Et parce qu'ils iugent plutost des choses diuines & de la verité par la coustume & par les sens, que par la lumiere & par l'esprit de l'Escriture & de la tradition de l'Eglise; celà leur a fait croire qu'on pouuoit dire que la predication de la parole & le ministere de l'Euangile, comme Iesus-Christ l'a institué, ne consiste que dans cette puissance de parler en public, que c'est cette seule puissance que Iesus-Christ a communiquée à tous les Apostres, lors qu'il leur a commandé de prescher toutes les Nations, & que c'est elle seule qui leur appartient en la qualité d'Apostres.

Cette imagination est trop basse & charnelle; & elle est aussi peu digne de Theologiens habiles, que de la dignité Apostolique; puis qu'elle reduit les Apostres en qualité d'Apostres à la seule qualité de Predicans, comme ceux de nos Heretiques, contre l'Escriture sainte, qui met les Apostres au premier rang des ministres de l'Eglise, deuant les Prophetes, les Pasteurs, & les Docteurs, qui sont les Euesques selon les Peres; pour monstrer que comme les premiers degrez des Anges enferment toutes les perfections des autres; ainsi toute la puissance & toute la perfection qui est répanduë dans les ministres de l'Eglise, est r'enfermée dans le premier degré de ces Ministres qui est celuy des Apostres. Et c'est aussi ce que les Peres témoignent d'vn commun consentement, comme il a esté assez prouué dans le Liure de la Grandeur de l'Eglise Romaine, & particulierement par saint Augustin, disant que toutes les graces dont parle saint Paul dans le denombrement qu'il fait des diuers degrez des membres de l'Eglise, *sont comprises dans la charge de l'Apostolat*; & que *le seul nom d'Apostre enferme toutes ces choses*; & par saint Iean Chrysostome, escriuant de mesme, que *l'Apostre est le principal vaisseau du Corps de Iesus-Christ*, *receuant de luy toutes cho-*

Ephes. 4.

Pag. 579. &c.

Isto munere Apostolatus omnes gratiæ continentur. *Aug. lib. de gest. Pelag. c. 14.* Omnia hæc vnum

ſes. Que ſaint Paul a mis les Apoſtres les premiers, *parce qu'ils auoient toutes choſes.* Et que *l'Apoſtolat ſurpaſſe tous les dons de Grace, & les enferme tous.* Mais parce que l'Auteur s'eſt reſerué à traitter ce point dans la ſuitte de ſon ouurage, ie ne m'y eſtendray pas en ce lieu, & n'entreprendray pas de le preuenir, me contentant de marquer en paſſant la verité pour donner ſuiet à ces Meſſieurs de reconnoiſtre le peu de fermeté qu'il y a dans leurs principes. Car tant s'en faut que ce qu'ils diſent, que ſaint Pierre & ſaint Paul ont eſté égaux dans l'Apoſtolat & dans le miniſtere de l'Euangile empeſche qu'ils n'ayent pas eſté égaux dans la préeminence & la ſuperiorité de toute l'Egliſe, qu'il en faut inferer tout le contraire; puiſque ſelon l'Eſcriture & les Peres, l'Apoſtolat enferme auſſi bien toute la puiſſance, que toutes les autres perfections & toutes les autres graces des Miniſtres de l'Egliſe. D'où s'enſuit que ſi ſaint Pierre & ſi ſaint Paul ont eſté égaux dans l'Apoſtolat, ils l'ont eſté dans l'autorité & la ſuperiorité de l'Egliſe, comme dans tout le reſte des graces & prerogatiues, des vertus & de la ſcience de l'eſtat Apoſtolique. Ils n'oſeroient nier que l'Apoſtolat de ſaint Pierre n'ait eſté eſleué par deſſus celuy des autres Apoſtres; & qu'il n'ait poſſedé cét *Apoſtolat ſuprême*, & ce *ſouuerain degré de l'Apoſtolat* que les Papes s'attribuënt pour exprimer la puiſſance vniuerſelle & independante en laquelle ils luy ſuccedent, & pour laquelle ils ſe nomment ſpecialement *Apoſtoliques*, comme ils nomment leur ſiege *Apoſtolique*, & leur charge *Apoſtolat*. Et ainſi ſaint Paul ayant eſté égal à ſaint Pierre dans la puiſſance de l'Apoſtolat, comme ces Meſſieurs l'auoüent, il faut neceſſairement qu'ils reconnoiſſent par cette ſeule raiſon, qu'il luy a eſté égal dans la puiſſance ſuprême qui l'a rendu éminent au deſſus de tous les Apoſtres, & que toute la terre reuere auiourd'huy dans ſes ſucceſſeurs, qui ſont les Papes.

Apoſtolatus nomen amplectitur. *Ibid.*

Ἀπόστολος, ἀγγεῖον τοῦ σώματος ἐστὶ τὸ καιριώτερον, δεχόμενος παρ' αὐτοῦ (Χριστοῦ) τὰ πάντα. *Chryſoſt. hom. 11. in ep. ad Epheſ.*

Πρῶτοι ἀπόστολοι· πάντα γὰρ εἶχον οὗτοι. *Ibid.*

Ἡ ἀποστολὴ πρᾶγμα μυρίων ἀγαθῶν γέμον, καὶ τῶν χαρισμάτων ἁπάντων καὶ μεῖζον, καὶ περιεκτικόν. *Idem. hom. 1. in ep. ad Rom.*

Et c'est aussi ce que les Peres tesmoignent en donnant à saint Paul les mesmes titres de *premier Apostre*, de *principal Apostre*, & d'*Apostre suprême*, qu'ils donnent à saint Pierre, & les establissant tous deux dans *le plus haut degré de l'Apostolat*.

Mais quand tout cela ne seroit pas, & que la puissance de l'Apostolat n'emporteroit que celle de parler en public, & d'instruire les peuples dans les principes de la Religion, comme font les Missionnaires & les Predicateurs deleguez, ainsi que ces Messieurs pretendent, contre le sentiment de tous les Peres & contre les maximes de la vraye Theologie, il s'ensuiuroit tousiours que saint Paul auroit esté independant de saint Pierre dans cette puissance, puis qu'on aduoüe qu'ils l'ont euë égalle. Car vne puissance independante, & vne puissance dependante & soumise à cette autre puissance ne peuuent pas estre égalles, puis que la dependance & l'independance qui les separent, est vne inégalité des plus grandes qu'on sçauroit conceuoir; la dependance estant finie & bornée, & l'independance estant vne espece d'infinité, qui fait qu'il n'y a nulle proportion entre elle & entre les choses qui sont au dessous d'elle, comme il n'y en a point entre vn Souuerain & ses sujets; quelques grands & quelques éminens qu'ils puissent estre. L'égalité donc qu'on confesse que saint Paul a eu auec saint Pierre dans la puissance de l'Apostolat, monstre éuidemment que cette puissance doit auoir esté independante & souueraine dans l'vn comme dans l'autre; & partant que saint Paul l'a possedée & l'a exercée souuerainement dans l'Eglise comme saint Pierre. Ce qui est tousiours reconnoistre deux puissances souueraines dans l'Eglise, & par consequent deux Souuerains & deux Chefs suprêmes; & ainsi retomber dans l'inconuenient qu'on vouloit éuiter, & dans la Doctrine qu'on vouloit combattre. Et cela est d'autant plus vray, qu'il n'y a nulle raison d'accorder plutost à S. Paul la souueraineté dans vne chose que dans vn autre, estant assez clair que toute souueraineté est indiuisible, & qu'il faut ou qu'on l'ait toute entiere, ou qu'on ne l'ait point du tout; comme on ne peut posseder vne partie de la Royauté sans la posseder absolument dans toute l'estenduë de la perfection. Ce qui fait voir que si S. Paul a esté souuerain & independant dans vn point de la puissance Ecclesiastique, & dans le principal, qui est selon les Peres, la charge de dispenser la parole de Dieu, il le doit auoir esté à plus forte raison dans les autres; & que si l'autorité suprême que saint Pierre auoit receuë auparauant de Iesus-Christ a pû souffrir d'estre communiquée à cét Apostre des Gentils dans l'vne de ses fonctions, elle luy a pû estre communiquée dans tout le reste, sans diminuer la primauté de S. Pierre, sans diuiser l'Eglise, & sans blesser les successeurs de l'vn & de l'autre, qui sont les Papes. De sorte qu'il paroist par toutes ces raisons que la verité que ces Messieurs veulent attaquer est si forte, qu'elle s'establit puissamment par leurs propres maximes, & par les inuentions & les subtilitez mesmes qu'ils cherchent pour offusquer la clairté qui l'enuironne de toutes parts; & que nous auons sujet de les prier de faire pour le moins vn peu de reflexion sur les rayons qu'elle répand iusques dans leurs pensées & dans les principes dont ils se veulent seruir contre elle, & de leur dire par les paroles de saint Augustin, *Audi aliquando loquentem tibi per temetipsum veritatem.*

Mais ils se couurent encore d'vn retranchement qu'il est aisé de leur oster en peu de mots. Ils disent que les Peres enseignent *que tous les Apostres ont esté ce qu'a esté saint Pierre, ayant pareille part d'honneur & de puissance; & que la force de l'Eglise est affermie égallement sur tous; sans inferer pour cela que son autorité suprême leur ait esté commune, parce que comme escrit le grand saint Leon, il y a quelque difference de pouuoir parmy les tres-heureux Apo-* Pag. 18.

ſtres, dans vn ſemblable honneur, & bien que l'élection de tous fuſt pareille, la préeminence neantmoins a eſté donnée à vn ſeul par deſſus tous les autres. D'où ils ſemblent vouloir inferer (car ils ne s'expliquent pas nettement) que les excellences dans leſquelles les Peres égalent ſaint Paul à ſaint Pierre, ne prouuent pas qu'ils ayent eſté abſolument égaux. Ie ne m'arreſteray pas icy pour expliquer en quel ſens les Peres ont eſcrit que tous les Apoſtres *ont eſté ce qu'eſtoit ſaint Pierre*, & ont fait comparaiſon de leur élection & de leur puiſſance, parce que ce diſcours m'emporteroit trop loin, & n'eſt pas proprement de noſtre ſuiet. Ie diray ſeulement ce qui ſuffira pour reſpondre à ces Meſſieurs, qu'en quelque maniere qu'on prenne ces paroles des Peres qu'ils alleguent, elles ne peuuent nuire à la puiſſance ſupréme de ſaint Paul, pour la meſme raiſon qu'ils pretendent qu'elles ne nuiſent pas à celle de ſaint Pierre. Car ils diſent qu'elles ne bleſſent point la primauté de ſaint Pierre, parce que ſaint Leon eſcrit *qu'encore que l'élection des Apoſtres fuſt pareille, la préeminence neantmoins a eſté donnée à vn ſeul par deſſus tous les autres.* Et le meſme ſaint Leon eſcrit pareillement de ſaint Paul, *qu'il a eſté eſleué auec ſaint Pierre, au ſuprême degré de grandeur par deſſus tous les membres de Ieſus-Chriſt*, luy donnant le meſme degré d'éminence par deſſus tous autres Apoſtres & tous les Fidelles, qu'il donne à ſaint Pierre, & les rendant égaux dans la primauté de l'Egliſe; puis qu'il eſt clair que ceux qui ſont vnis dans vn meſme point de grandeur ſont égallement eſleuez & ne peuuent eſtre l'vn au deſſous de l'autre. Et ainſi l'eminence que ſaint Leon attribuë à ſaint Pierre par deſſus les autres Apoſtres, eſtant ſuffiſante, ſelon ces Meſſieurs, pour ſe démeſler des paſſages des Peres qui ſemblent luy égaller tous les Apoſtres, & pour garantir ſon autorité ſuprême des difficultez qui peuuent naiſtre de ces paſſages : il faut aduoüer que l'autorité de

Quos gratia Dei in tantum apicem inter omnia Eccleſiæ membra prouexit, vt eos in corpore, cui caput Chriſtus eſt quaſi geminum conſtituerit lumē oculorum.
S. Leo ſerm. 1. de nat. Ap.

saint Paul n'est pas moins à couuert de ces mesmes difficultez & de ces mesmes passages, puis que saint Leon luy donne la mesme éminence par dessus toute l'Eglise qu'il donne à saint Pierre. Cela suffit pour fermer la bouche aux Auteurs des Remarques, qui n'eussent eu garde de former vne objection si foible, s'ils eussent voulu se ressouuenir de quelqu'vn des aduantages de saint Paul sur tous les autres Apostres, qu'ils ont veu en si grand nombre dans le Liure de la Grandeur de l'Eglise Romaine, & qui monstrent que nul des Apostres ne luy peut estre comparé que saint Pierre seul, à qui ces aduantages sont communs, comme saint Chrysostome a remarqué, *qu'il ne s'est pas voulu comparer luy-mesme aux autres Apostres, mais à saint Pierre seul qui estoit leur Prince*; bien qu'il fust le plus humble des hommes; & que hors la qualité d'Apostre dont il laissoit toute la gloire à Dieu seul, comme d'vne grace qu'il n'auoit pas meritée, il se reconnût en sa personne le *dernier des Apostres*, & mesme *de tous les Fidelles*.

Οὐ τοῖς ἄλλοις ἑαυτὸν, ἀλλὰ τῷ κορυφαίῳ συγκρίνει, δεικνὺς, ὅτι τῆς αὐτῆς ἕκαστος ἀπήλαυσεν ἀξίας. *Chrysost. in c. 2. ad Gal.*

1. Cor. 15.

Ephes. 3.

CONCLVSION DE CET ESCRIT.

Où il est monstré qu'on se vante sans sujet d'auoir agy dans ces Remarques auec charité & auec esprit de douceur, apres les auoir remplies de tant de fautes notables contre la Doctrine & contre les mœurs Chrestiennes.

Exhortation à ces Messieurs de se tenir desormais en repos, puis que les escrits qu'ils feront ne pouuant estre meilleurs que ceux qu'ils ont desia faits, ils ne seruiront qu'a establir & à releuer dauantage la verité, & ceux qui la deffendent.

NOus venons de voir que ces Messieurs ont finy leurs Remarques comme ils les auoient commencées & continuées dans toute la suite, & que ne les ayant publiées que pour tascher d'arrester le cours de la verité & diminuer l'éclat & la reputation qu'elle a acquise contre leur gré, & contre leur opinion, dans tous les esprits raisonnables, depuis qu'ils ont veu par vne infinité de preuues authentiques qu'elle a esté tousiours enseignée dans l'Eglise par le consentement des Peres, des Conciles, & des Papes; il n'eust pas esté iuste que les derniers efforts qu'ils ont faits contre elle tesmoignassent plus de sincerité que les premiers. Il est impossible qu'vne mauuaise racine produise de bons fruits, selon l'Euangile; & il est clair que celle-là ne peut estre bonne qui a produit tant de déguisemens, tant de Sophismes, tant de calomnies, tant de faussetez, & enfin tant de sortes d'égaremens & d'erreurs contre la verité des Escritures, & de la Theologie que nous auons découuertes dans ce petit Libelle auec vne facilité qui peut faire iuger qu'il n'a pas esté conçeu auec plus d'adresse que de sincerité & de conscience.

Apres cela il est aisé de iuger que ce que ces Auteurs osent dire insultant à leurs aduersaires *que la charité les a obligez de le publier auec vn esprit de douceur, afin qu'on ne se laisse point si aisément surprendre par leurs passages falsifiez, & esbloüyr par le faux éclat de leurs raisons*, n'est qu'vne suitte de leurs excez, qui les rend encore plus odieux, & la iuste peine de la passion auec laquelle ils les ont commis; puis que Dieu ne sçauroit punir dauantage ceux qui s'éloignent de leur deuoir, qu'en permettant qu'ils se glorifient de cét éloignement, & le prennent pour vne action excellente. Mais il estoit raisonnable qu'ils triomphassent en la mesme maniere qu'ils ont combatu, c'est à dire auec vn aueuglement & vne foiblesse extraordinaire; & qu'ils imitassent ces Payens, qui attribuoient leurs vices aux Dieux, & en faisoient des Idoles, en s'imaginant que la charité les a obligez de faire ce qu'elle condamne par toutes sortes de loix

diuines

diuines & humaines, & ce qu'elle ne leur pardonnera iamais, quelques regles de conscience qu'ils se forment pour se tromper eux-mesmes, s'ils ne l'effacent publiquement auec larmes, & auec vne humilité qui soit égalle à l'asseurance auec laquelle ils osent s'en vanter deuant tout le monde. La charité est inseparable de la verité, & la verité de la bonne foy, lesquelles sont continuellement violées dans ces Remarques. Et quoy qu'il n'y ait pas beaucoup de paroles iniurieuses, dont neantmoins elles ne manquent pas, comme il paroist par la seule conclusion, toutes-fois ceux qui en sont les Auteurs ne deuoient pas pour cela se donner la vanité de dire qu'ils les ont faites *auec esprit de douceur*, puis que les paroles les plus douces peuuent naistre d'vn esprit aigre, & d'vne passion d'autant plus criminelle, qu'elle cache son venin pour le répandre plus aisement, & pour nuire dauantage. C'est pourquoy lors que l'Apostre nous aduertit de prendre garde *qu'aucune racine d'amertume ne s'esleue & ne corrompe plusieurs personnes*, il ne parle pas du langage rude, & des termes de chaleur, dont les plus grands Saints se seruent quelques-fois par necessité, comme son exemple le fait voir en tant de lieux, plus que celuy d'aucun autre ; mais il parle de ces passions interieures, qui corrompant le fonds de l'esprit, n'en peuuent faire naistre, que des mouuemens & des paroles tres-ameres, & tres-des-agreables à Dieu & à ceux qui *ont gousté le don du Ciel, & les delices du siecle à venir*, comme parle l'Escriture ; quelque couleur & quelque moderation qu'elles ayent dans l'écorce & dans l'aparence. De sorte que quand on demeureroit d'accord que les expressions dont les Auteurs de ces Remarques ont vsé sont aussi reglées & aussi douces qu'ils pretendent, il ne leur seroit pas permis de se vanter d'auoir escrit auec esprit de douceur, en considerant leurs discours selon les loix de Dieu, & les

Heb. 12.

Heb. 6.

pesant au poids du sanctuaire, s'ils ne se trouuoient exempts de toutes les passions & de tous les excez que nous auons fait voir dans leurs Remarques depuis le commencement iusques à la fin, auec tant d'éuidence qu'il ne leur sera iamais possible de s'en iustifier ny deuant Dieu, ny deuant les hommes. Car ils seront contraints de les enseuelir dans les mesmes tenebres du silence, s'ils entreprennent de parler encore sur cette matiere, dans lesquelles ils ont enseuely tant d'autres faussetez & impostures; dont l'Auteur du Liure les a conuaincus, & dont ils n'ont pas seulement osé faire mention, apres les auoir respandus auec tant de hardiesse & auec des exaggerations si estonnantes, non seulement dans les compagnies, & parmy ceux qu'il leur estoit fort aisé de surprendre, mais aussi dans leurs escrits imprimez auec Priuilege & seellez du sceau du Roy. Ils ne parlent plus dans ces Remarques de la conformité de la Doctrine que nous soustenons auec celle d'Antoine de Dominis, & des autres Heretiques de nostre siecle, apres que l'Auteur a monstré par tant de preuues conuainquantes, que cette conformité estoit tout à fait chimerique, extrauagante, & inuentée auec beaucoup de malice & d'impudence. Ils ne disent plus qu'on ruine l'autorité du siege Apostolique; qu'on renuerse la primauté de saint Pierre; qu'on destruit l'Estat Monarchique de l'Eglise; qu'on veut faire deux Papes; qu'on égalle tous les Apostres à saint Pierre; & les trois Patriarches, & mesme tous les Euesques à celuy de Rome. Ils ne censurent plus l'égalité de saint Pierre & de saint Paul, comme nouuelle, inoüye, monstrueuse, impie, blasphematoire, contraire à ce qui a esté crû en tout temps, en tous lieux, & par toutes sortes de personnes. Ils ne pretendent plus qu'elle doit estre condamnée comme Heretique & Schismatique par le Pape mesme. Ils reconnoissent que toutes ces accusations & toutes ces pensées paroissent maintenant si déraisonnables & si ridicules apres qu'on a veu le Liure de la Grandeur de l'Eglise Romaine, où elles sont refutées ou plutost foudroyées auec vne force à laquelle vn homme sage n'entreprendra iamais de resister, que tout ce qu'ils peuuent faire pour couurir leur honneur, c'est de n'en parler plus dans leurs escrits, & de tascher de les effacer en cette maniere de la memoire des hommes. Et c'est le seul adoucissement, qu'on peut trouuer dans ces Remarques, d'où il semble qu'ils ont eu vn soin particulier d'esloigner toutes ses inuectiues sanglantes, & ces declamations furieuses, & de temperer vn peu leur style auec vne sagesse qui pourroit estre loüable, si elle ne paroissoit forcée, & ne procedoit dauantage de la resistance du dehors que de la disposition du dedans, laquelle ils tesmoignent n'auoir pas encore changée, par les faussetez & les inuentions si contraires à la charité & à la verité, dont ils taschent encore de décrier leurs aduersaires.

Mais il y a sujet d'esperer que comme le Liure de l'Auteur a dissipé de telle sorte ces premieres accusations, qu'elles demeurent estouffées sans qu'il en reste aucune trace que dans la honte & la confusion de ceux qui les ont auancées; ainsi on ne parlera plus desormais des secondes, c'est à dire des falsifications & des faux raisonnemens qu'on luy a osé reprocher dans ces Remarques, & que la fidelité de ses allegations, & la solidité des raisons & des consequences qu'il en a tirées, sera generalement reconnuë de tout le monde, apres que cette responsе aura conuaincu les plus incredules; qu'on ne sçauroit trouuer d'autres passages falsifiez dans son Liure que ceux que ses ennemis y ont falsifié eux-mesmes, ny d'autres faux raisonnemens que ceux qu'ils ont corrompus & déguisez par leurs artifices; & que pour l'accuser d'vne fausseté ils ont esté contraints d'en faire plusieurs, & pour luy imputer ce mauuais raisonnement, ils ont esté obligez de blesser autant les loix de la raison que celles de la Grace, & de corrompre aussi bien les regles des sciences humaines que de la science diuine, qui est la foy & la Theologie.

Et ainsi tant s'en faut qu'il y ait suiet d'apprehender pour l'Auteur cette sorte d'Escrits, qu'on luy oppose auec si peu de iugement, qu'il y auroit plutost lieu de souhaitter pour son regard qu'on en publiast quantité de semblables, puis qu'ils ne feroient que augmenter l'honneur & la gloire de la verité qu'il soustient, & de l'integrité auec laquelle il la soustient, en témoignant à tout le monde combien elle est à l'épreuue de tous les artifices & de toutes les inuentions de ses ennemis, si cela se pouuoit faire sans fouler aux pieds la charité, & sans perdre leurs ames. Mais ie ne pense pas que l'Auteur voulust achepter à ce prix sa propre gloire ny mesme celle de la verité, qui ne sçauroit estre honnorée par le violement de ses maximes, & par le renuersement des deux degrez de la charité qui regardent Dieu & le prochain. C'est pourquoy il vaut mieux conseiller ces Messieurs, de se tenir desormais en repos, & de ne se donner pas la peine de faire de vains efforts, contre des choses qui sont au delà de leur portée, puis qu'ils ne seruiront qu'à les establir dauantage en ruinant leur conscience & leur reputation, sans causer autre mal à ceux à qui ils voudroient nuire, que de les importuner en les contraignant d'interrompre leurs meilleures occupations pour respondre à des mauuais Liures, & à des accusations aussi foibles que malignes. Car il est contre toute sorte d'apparence de s'imaginer, comme ils font, que parce que l'Auteur a escrit que les Approbateurs du Liure de Monsieur Habert, au lieu de loüer tant de faussetez & d'impostures honteuses qu'il a publiées, estoient obligez de l'en aduertir *selon les loix de la charité & de la sa-*

gesse Chrestienne & ciuile ; & parce qu'il a declaré dans son Epistre au Pape, que *si on luy peut monstrer quelques faussetez ou erreurs dans son Liure il les censure dés à present, & desire qu'elles soient censurées* ; il est obligé de trouuer bon qu'ils imitent les grands excez de Monsieur Habert, dont il se plaint, & continuënt tousjours de l'attaquer d'vne maniere si indigne. Ils deuoient plutost iuger que puis qu'il a témoigné qu'il seroit content qu'on luy marquast les manquemens veritables de son Ouurage s'il y en auoit, & qu'il auroit assez d'humilité pour les condamner de son propre mouuement ; cette mesme humilité & cette mesme franchise luy donneroit beaucoup d'auersion de la presomption & de la hardiesse de ceux qui tascheroient de luy imposer de faux crimes, & de semer des erreurs dans son Liure ; pour y en pouuoir trouuer ; & que puis qu'il ne refusoit pas d'estre corrigé selon les loix de la charité & de la sagesse Chrestienne & ciuile, pourueu qu'on luy monstrast qu'il auoit failly, il auroit iuste raison de se plaindre de ceux qui entreprendroient de le décrier par tant d'accusations imaginaires & de calomnies veritables en violant ces mesmes loix, sans luy faire vne seule objection, & où l'animosité, l'imprudence, & la legereté ne disputent le prix, comme il est visible par nos Responses. Pag. 61. Pag. 77.

D'où il est aisé de conclure que si parmy tous ces dereglemens & toutes ces marques éuidentes de passion & de mauuaise volonté de ces Auteurs, il paroist quelque sorte de douceur & de retenuë dans leurs discours, ce ne peut estre la douceur des Ministres de Dieu, qui est toute de charité & de grace, mais qu'elle tient beaucoup dauantage de celle des Heretiques, dont parle l'Apostre, qui se seruent de *paroles douces & d'expressions temperées & fauorables pour seduire les cœurs des simples* ; & qui se couurent *de peaux de brebis*, selon l'Euangile, ayant dans l'ame vne chaleur & vne ru- Rom. 16. Mat. 7.

desse semblable à celle des loups pour déchirer les innocences. C'est pourquoy s'il faut iuger des causes par les effets, & de la racine par les fruits, comme Dieu nous le commande, il est aisé de conclure que les Remarques de ces Docteurs, n'ayant aucun raport à l'esprit de charité & des autres vertus Chrestiennes, puis qu'elles les combattent par tout beaucoup plus que le Liure de la Grandeur de l'Eglise Romaine; il ne reste aucun autre principe, duquel on puisse croire qu'elles sont nées par la conformité qu'elles ont auec luy, qu'vne certaine ambition & vne jalousie basse, qui les empesche de souffrir que d'autres sçachent ce qu'ils ne sçauent pas, & qui a fait qu'ils se sont vantez qu'on ne leur apprendra rien dans la matiere du Pape. Ce qui monstre non seulement le peu de vertu & de pieté, mais aussi le peu de science solide, le peu de iugement, & le peu d'amour qu'ils ont pour la verité, laquelle tous les hommes habiles, parmy les Payens mesmes, ont esté prests de receuoir de toutes sortes de personnes auec joye, & de reconnoistre pour leurs plus grands bienfacteurs ceux qui la leur découuriroient, parce qu'ils n'estimoient rien en comparaison d'elle dans tout le monde. De sorte que si ces Auteurs estoient du nombre de ces grands hommes, ils n'auroient garde de se piquer d'honneur comme ils font, & de prendre à injure qu'on publie auiourd'huy vne Doctrine importante, parce qu'elle leur a esté inconnuë iusques à cette heure, & qu'ils se sont declarez contre elle, auec trop de precipitation, au lieu d'attendre qu'on l'eust iustifiée par tant de témoignages de toute l'antiquité & de toute la suitte de la tradition Ecclesiastique depuis les Apostres iusques à nostre siecle. Ils eussent veu par là qu'il y auroit plus de sujet de blasmer ceux qui l'ont ignorée, sur tout contre la profession qu'ils font de sçauoir toutes choses, que ceux qui l'ont communiquée au public, & qui ont eu en cela si peu de vanité & le desir de paroistre par dessus les autres, qu'ils ne l'ont publiée que par la pure necessité de se defendre, y estans contraints par les declamations continuelles & les accusations insolentes & atroces de leurs aduersaires. Et ainsi soit qu'on regarde cette Doctrine en elle mesme, ou l'esprit auec lequel ils l'ont proposée, ils ont agy autant selon les loix de la verité, que de la vertu & de l'humilité Chrestienne, ne s'estans auancez pour parler en public que par force, & n'ayant parlé que comme interpretes & disciples de la tradition perpetuelle de l'Escriture & de l'Eglise, sans establir rien d'eux-mesmes, & sans donner à leur esprit la liberté de s'esloigner le moins du monde des traces & de la voye diuine de nos Peres. Ce qui les a rendus & les rendra tousiours tres-forts & tres-inuincibles contre les plus puissans esprits & les plus sçauans hommes de la terre, & beaucoup plus contre ceux qui ont mis toute leur esperance dans le mensonge, dans les impostures, & dans les Sophismes. Car les hommes sont tousiours hommes, & leurs pensées ne sçauroient s'esleuer au dessus de leur source, qui est tousiours basse & foible estant humaine. Mais la verité de Dieu demeure eternellement; & triomphera sans peine de tous ceux qui luy voudront resister, les destruisant par la puissance de sa Majesté & de sa Gloire, & par le souffle de sa bouche, comme parle l'Escriture.

Fautes suruenuës en l'impression.

PAg.10.l.19 faussetez, *lis.* fautes. p 18.l.28. *Orcin.* lis. *Orcini.* p. 20. l. 11. connoistre, *lis.* commettre p. 24 l.15. *Apostolorum*, lis. *Apostolum.* p 26. l.dern. par les Empereurs, *lis.* & par les Empereurs. p 27.l.21. n'oseront, *lis.* n'oserent. p.28. l. antepen. vn compliment, *lis.* pour vn compliment. p 40. l. 26. qui n'est pas, *effacez* qui. p. 41. l. 10 vniuerselle du Siege, *lis.* & du Siege. p. 61. l. 2. monument le premier, *lis.* monument estant le premier. p. 63. l.30. l'Eglise, *lis* & l'Eglise p. 68. l. 32 celles, *lis.* celle. l. 34. ambiguité, *lis.* de l'ambiguité. p. 73. lis. 6. *sanctum*, lis *sanctam.* p. 75. l. 12. *sic ac*, lis. *sic ab.* p 77. l. 28. *Cathedra*, lis. *Cathedræ.* p. 85. l. 10. d'autre, *lis* d'autres. p.88. l 30 l'Eglise, *lis.* cela. p. 93. l. 21. à vne autre pensée, *lis.* à vn autre vne pensée. Ibid. l. 23. que la conceuoir, *lis.* que pour la conceuoir p. 98 lig. 10. qui, *lis.* qu'ils l. 11. celuy, *lis.* dans celuy. p. 100. l. 19. mauuaise, *lis* mauuaises. p. 104. l. 3. refuté, *lis.* refutée p. 109. l 2. vn autre, *lis.* vne autre. p. 111. l. 20. nernier, *lis* dernier. p. 117. l. 24 obiection & ou, *lis.* obiection qui ne soit fausse, & ou. p. 118. l. 2. innocences, *lis.* innocents l. 10 & 11. *faut rayer ces mots*, par la conformité qu'elles ont auec luy. p 119. l. 1. & le desir, *lis.* & de desir.

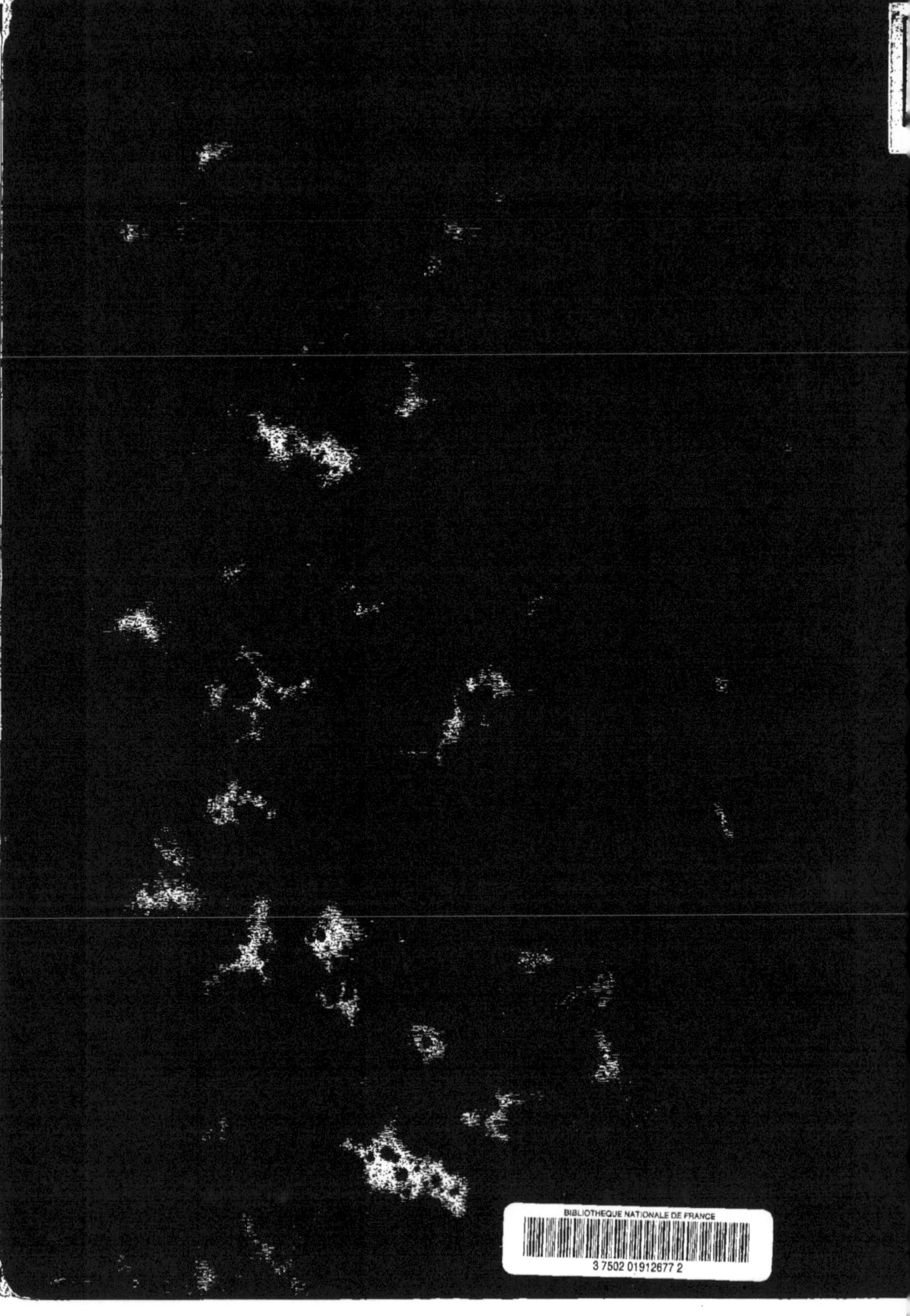

www.ingramcontent.com/pod-product-compliance
Ingram Content Group UK Ltd.
Pitfield, Milton Keynes, MK11 3LW, UK
UKHW012233240726
13966UKWH00003B/1074

9 782011 912824